ANTONIO RIBEIRO

A reforma necessária

Como evitar que a corrupção continue a corroer o que resta do Brasil e fazer com que nosso país, finalmente, entre de verdade no século XXI

1ª edição

Cáceres
Edição do Autor
2018

https://www.projetomudabrasil.com.br

Sumário

INTRODUÇÃO

Durante muito tempo atribuiu-se ao ex-presidente francês Charles De Gaulle a afirmação de que "O Brasil não é um país sério" e, embora de Gaulle pudesse dizer isso com toda a razão deste mundo, a verdade é que ele nunca disse essa frase. Segundo o blogdochicopereira (http://blogdochicopereira.com) a frase, na verdade, foi proferida pelo diplomata brasileiro Carlos Alves de Souza Filho conforme descrito pelo próprio diplomata em seu livro **Um embaixador em tempos de crise** (Livraria Francisco Alves Editora, 1979). Contudo, é fato que ninguém poderia ter feito uma descrição tão precisa do Brasil quanto esta.

Senão vejamos: um país que tem, na prática, 04 (quatro) instâncias de julgamento em seu Judiciário só pode ter saído de uma anedota criada pela mente genial (e um tanto perturbada) do escritor Franz Kafka. Um país que precisa ter uma Justiça do Trabalho separada da Justiça Comum e com uma estrutura e orçamento praticamente igual ao da Justiça comum não pode ser sério, só pode "estar de brincadeira". Um país onde as pessoas acham "natural" uma pessoa encarcerada registrar sua candidatura à

Presidência da República também deve estar de brincadeira. Um país cujas autoridades federais gastam em apenas um ano mais de R$ 1,6 bilhão somente com carros oficiais (entre outras mordomias) enquanto quase 50 % da população não conta sequer com serviço de esgoto sanitário deve "estar de gozação". E, se não pararmos essa enumeração, chegaria o apocalipse e a lista não chegaria ao fim.

Uma outra frase, esta sim corretamente atribuída ao escritor Stefan Zweig, "Brasil, País do Futuro" também nos ajuda a formar um "conceito" do que seria o nosso país. O Brasil é um país eternamente à espera de "acontecer". Um país sempre aguardando sua vez de se tornar uma potência. Enfim, um país que tem futuro. Mas... Esse futuro nunca chega. E lá se vão mais de 70 anos desde quando o sr Zweig pronunciou sua máxima.

É evidente que, para que algo ou alguém tenha futuro, é indispensável trabalhar duro no presente, aproveitar todas as oportunidades que aparecerem para "assentar mais um tijolo" na construção do seu futuro. Nosso país já desperdiçou não apenas o muito do seu tempo, mas também muitas de suas oportunidades para construir o seu futuro.

Para ficar em um exemplo, na primeira década deste século nosso país foi amplamente beneficiado na seara econômica pela valorização das chamadas "commodities" que exportava e assim trazia divisas para si. O ambiente político era favorecido pelos bons resultados econômicos (como geralmente acontece em qualquer país). Era o ambiente adequado para que se fizesse uma reforma administrativa/política/econômica. No entanto, nosso país se perdeu nos descaminhos do famoso "escândalo do Mensalão". Oportunidade passada, mal nos refizemos do baque do mensalão, veio outra turbulência nesta segunda década: o "petrolão". Revisto e atualizado. Uma versão "2.0", "melhorada" do mensalão.

E já se vão 4 anos desde o início da já famosa Operação Lava-jato que investiga ainda hoje os crimes do petrolão. Seria inútil enumerar aqui os méritos dessa operação policial. Entretanto, um mérito que a lava-jato ainda não teve (e provavelmente não terá) é o de mudar a raiz de todos os escândalos políticos e econômicos de nosso país. Se nada for feito para mudar na origem as mazelas legais e jurídicas que alimentam a corrupção desnudada pelas investigações da OPLJ, nosso país terá perdido, mais uma vez, sua oportunidade de fazer o seu futuro acontecer, de se tornar, finalmente, um "país sério".

É justamente disso que se trata o presente livro. Busca-se aqui apontar com o dedo onde estão os gargalos legais que ajudam a tragar o nosso país numa espiral de corrupção e má administração da coisa pública e, ao mesmo tempo, oferecer algumas sugestões de mudanças que, se implementadas, farão com que nosso país, enfim, deixe de ser uma promessa para o futuro e se torne o presente mais que afortunado de todos os seus cidadãos.

O livro foi dividido em 3 partes essenciais para facilitar o entendimento do leitor sobre a dimensão das propostas que estão sendo discutidas:

Reforma Administrativa – essencial para dar dinamismo e, principalmente, transparência à administração pública de modo a facilitar a fiscalização por parte de qualquer cidadão acerca do modo como o Estado gasta cada centavo que tira do seu bolso. Consequentemente, passaremos de um estado de caos administrativo que sempre pauto a relação do Estado com o cidadão e onde não importa o quanto o Estado arranque das mãos das pessoas, ele nunca tem recursos suficientes para atender as necessidades desse cidadão.

Reforma Tributária – se alguém me mostrasse alguma pessoa, não só no Brasil, mas em qualquer parte do mundo, que goste de pagar impostos eu desistiria de apresentar propostas para alguma sanidade ao nosso insano sistema tributário.

Ninguém gosta de pagar impostos. Todos reclamam quando o Governo retira de seus bolsos algum dinheiro (que deveria ser utilizado) para financiar o funcionamento do Estado e investido em obras que não podem e, em alguns casos, simplesmente não devem ser financiadas diretamente ou executadas por cada pessoa individualmente. Cito como exemplos o cuidado de áreas de uso público ruas, avenidas e estradas, praças e parques. Mas também é digno de nota que nunca seria possível delegar à administração particular alguns serviços classificados como "atividades exclusivas de Estado", tais como o policiamento, a administração da justiça ou a própria arrecadação de taxas e tributos. É impossível viver em uma sociedade devidamente estruturada e útil aos seus cidadãos e, ao mesmo tempo, prescindir de uma estrutura administrativa oficial. Seria terrível termos que lidar com a administração de espaços e coisas que servem ao uso e benefício de todas as pessoas. Daí a necessidade, ainda que não gostemos disso, de o governo nos cobrar impostos. Talvez nos pareça menos injusto pagar impostos se considerarmos que isto consiste, ou deveria consistir, em um investimento em nosso próprio bem-estar.

A primeira ministra da Inglaterra Margareth Tatcher disse uma vez que "não existe dinheiro público, mas somente dinheiro dos pagadores de impostos". Penso que esta é uma máxima que deveria ser gravada em metal e, obrigatoriamente, ser colocada nos gabinetes de cada autoridade pública que tenha o poder de tomar decisões a respeito do gasto e do investimento dos recursos financeiros que o Estado retira compulsoriamente do bolso de seus cidadãos.

O pecado original de nosso governo não está na atitude de cobrar impostos de seus cidadãos.

Está, isso sim, em cobrar impostos de maneira ineficaz e injusta. Ainda por cima, em gastar esses recursos de maneira ineficiente e sem nenhuma transparência. A proposta aqui apresentada busca corrigir essas distorções identificando os pontos na legislação
que precisam realmente de um ajuste para fazer com
que cada pessoa pague o montante justo para a sua
faixa de renda.

Reforma Política – se fossemos medir
a qualidade da classe política que nos representa fi-
caríamos alarmados com a indigência de semelhantes indicadores. Existe uma máxima que nos diz que
"cada povo tem o governo que merece", no entanto,
recuso-me a crer em semelhante bobagem. Nosso
país não tem uma administração pública que realmente merece. Nenhum povo a merece.

Contudo, reconheço que a classe política que nos governa não veio de outra dimensão ou
de outro planeta. Essa classe política está lá porque
nós conferimos a ela essa posição. E tal coisa decorre
não do desejo de nossos eleitores de sofrer decepções atrás de decepções. Decorre, isto sim, das defi-
ciências de nossas leis eleitorais que foram feitas pe-

las mesmas pessoas pouco comprometidas com o interesse público e mais comprometida com os seus interesses mesquinhos. Nossas contraditórias leis dizem, por exemplo, que você não pode estar respondendo a processos se quiser tomar posse num cargo de baixíssima complexidade e poder de decisão, como por exemplo, auxiliar de serviços gerais ou auxiliar administrativo, mas, caso você queira ser governador ou presidente, deputado vereador ou senador (cargos de altíssima complexidade e correspondente poder de decisão), tudo bem se você estiver respondendo processos por crimes, até mesmo contra a própria administração pública. O que se pretende com a proposta aqui discutida é, justamente, por um fim a tal distorção.

Reforma Judiciária – o Brasil é um dos campeões mundiais na arte de matar os seus próprios cidadãos. O nível de violência a que as pessoas desse país estão expostas é inacreditável, é inaceitável. Não deveríamos nunca encarar com indiferença o fato de que mais de 50 mil pessoas são assassinadas. Mas é inútil nos alamar com semelhantes números e, ao mesmo tempo, não fazermos nada a respeito.

A proposta de mudança aqui apresentada busca identificar o cerne dessa questão. Corrigir esses gargalos e acabar de uma vez com um crime cometido contra a humanidade.

Não apenas leia o presente texto, reflita sobre ele. Posicione-se a respeito dele, pouco importa se a favor ou contra as propostas apresentadas. Pois, se você se descobrir favorável a essas propostas, poderá contribuir apoiando-as e ajudando a divulga-las. Se você concluir que é contra o que é proposto aqui, também poderá contribuir (não com o autor, mas com o país) apresentando alternativas, propostas e soluções melhores.

PARTE I
REFORMA ADMINISTRATIVA

Capítulo I
A necessária reforma do Estado

"Paquidérmico" é o adjetivo que, normalmente, se usa para descrever o Estado Brasileiro. Não vale a pena analisar com minúcias neste texto os caminhos históricos que nos legaram um estado gigantesco e ao mesmo tempo fraco, indolente e pouco útil aos seus cidadãos.

Seria fácil apontar o dedo da acusação para o nosso longo passado de colônia portuguesa nas américas. Poderíamos com isso até aparentar ter alguma razão. Mas não teríamos essa razão. É verdade que muito da estrutura administrativa oficial que hoje ainda intervém na vida de cada cidadão deste país foi herdada da burocracia oficial portuguesa que nos restou depois da independência.

Contudo, basta-nos uma rápida análise comparativa das relações dos cidadãos com a estrutura administrativa tanto no nosso tempo de colônia quanto nos dias atuais para ver que nosso dilema não começou no período colonial.

O governo colonial

Demorou algumas décadas para que o governo português começasse a se interessar em colonizar suas terras recém-descobertas no continente americano. Foi a ameaça de perder suas possessões para outros países, como a França ou a Espanha, que motivou o Estado português a montar uma estrutura administrativa mínima no que viria a ser o Brasil. Essa estrutura, esse "governo" jamais pretendeu ser um governo a serviço das necessidades dos cidadãos locais. Até mesmo porque esse conceito de Estado sequer existia, mesmo na Europa, no período em que nasceu a colônia portuguesa da América do Sul.

E até a independência brasileira o "governo" colonial ocupava-se de defender os interesses políticos e econômicos da metrópole europeia e pouco se importava com as condições terríveis em que viviam os cidadãos da colônia. Basta-nos lembrar da malfadada inconfidência mineira e das razões que levaram alguns cidadãos bem-intencionados, mas muito mal preparados a aspirar por uma rebelião que libertasse a colônia. O que detonou esse sentimento de revolta foi, justamente, a cobrança de impostos que alguns cidadãos mineiros consideravam elevados (contudo, bons tempos aqueles em que a carga tributária era de 20 %) e que eram remetidos à metrópole, portanto, sem ser revertidos em benefícios aos moradores da colônia.

Não é que não houvessem investimentos. Claro que muitas estradas foram construídas, pontes ou prédios públicos. Mas semelhantes melhorias eram concebidas e executadas mais para facilitar e beneficiar a vida dos gestores a quem a coroa portuguesa delegava a administração pública e não para beneficiar os cidadãos da colônia. Por séculos, mesmo depois da independência, a administração oficial foi indiferente às necessidades do cidadão.

O governo na atualidade

Como nosso país não é e nem pode se dar ao luxo de ser impermeável às influências externas, com a onda populista se espalhando pelo mundo no começo do século XX, nosso país passou por inadiáveis e profundas mudanças sociais e políticas. Esse populismo teve origem na radicalização política proposta pelos partidários do comunismo, mas também foi alimentado pelos líderes políticos que reagiam à "ameaça comunista".

Não que o populismo como corrente política tenha passado a existir somente no século XX. Basta-nos lembrar que o general Júlio César foi um hábil líder populista há 2.000 anos no auge da república romana. Mas foi, sim, somente no século passado que essa "modalidade" de "política" atingiu o que podemos chamar de "estado de arte" ou seja, a sua perfeição.

Não preciso ser analista político para entender com qual mecanismo o populismo funciona. Nessa forma de atuação política, políticos ambiciosos e pouco comprometidos com as reais necessidades da população, "vendem" aos cidadãos do local a ideia de que o governo tem uma fonte inesgotável de recursos e que não só pode como vai, se o poder estiver nas mãos de tais políticos, resolver todos os problemas por que passam em especial a parcela mais pobre da população. O que eles não falam, embora provavelmente saibam, é que a "fonte inesgotável de recursos" do governo é o bolso do próprio cidadão. Em geral, justamente o bolso dos cidadãos que compõe a parcela mais pobre.

Foi este processo populista que parece ter ocasionado uma reviravolta nas relações que os cidadãos brasileiros tinham com o Estado até o começo do século XX. Passamos de um estado de indiferença quase total por parte das autoridades em relação a sorte dos cidadãos para uma suposta preocupação por parte dos gestores públicos para com o bem-estar da população. Suposta porque, de certa forma, como em toda manifestação de populismo político o que políticos e gestores fazem é vender uma ilusão. A ilusão de que o Governo tudo pode, que a administração pode trazer todos os benefícios aos menos afortunados sem que seja preciso ter alguém que **pague** por isso.

E quando confrontados com o fato de que é impossível fazer isso sem passar a conta para alguém simplesmente porque o Estado não é uma empresa que gera recursos que não seja através da arrecadação de tributos de seus cidadãos, alegam genericamente sua disposição de cobrar mais impostos dos mais ricos. Quase como se o ato de cobrar impostos fosse uma forma de "punição" a alguém. Punição essa em virtude do simples fato de esse alguém ser rico. Não é.

Penso que se alguém adquiriu fortuna de forma criminosa, portanto, ilegítima, essa pessoa merece sofrer todas as sanções que o código penal estabelece, inclusive, se não estabelece, deveria estabelecer, o confisco dos bens e recursos financeiros adquiridos de forma ilegal. Mas se essa pessoa não cometeu nenhum crime para enriquecer, não vejo como pode ser justa a perspectiva de qualquer tipo de punição. Mesmo que seja na seara tributária.

Não entendo e nem defendo a ideia de que alguém deva pagar mais impostos como uma forma de punição pelo fato de essa pessoa ser bem-sucedida em seus negócios ou em sua atuação profissional. O que eu defendo (e pretendo me aprofundar neste assunto no capítulo em que trato da Reforma Tributária) é a ideia de que cada um pague uma alíquota justa de tributos pois, o funcionamento do Estado beneficia, ou deve beneficiar todos os cidadãos, independente da sua faixa de renda. Não é que os pobres devam pagar proporcionalmente, mais impostos do que os ricos como acontece hoje ou que os ricos deveriam ser "punidos" pelo fisco com mais impostos do que seria justo que eles devam pagar.

O ideal seria que cada cidadão deste país entendesse de uma vez por todas que pagar impostos pode não ser algo agradável de se fazer, mas será sempre algo necessário, e inteligente, de se fazer. Não é o Estado que nos "impõe" a necessidade de se pagar tributos. É a convivência social que torna necessária a manutenção de uma estrutura administrativa para cuidar dos assuntos de interesse de todos os cidadãos. Essa estrutura administrativa deve agir sempre em benefício dos cidadãos independente das suas condições sociais e econômicas. Em contrapartida, essa estrutura administrativa deve ser financiada pelo dinheiro arrecadado de forma justa e proporcional à renda de cada cidadão. Se nosso sistema de arrecadação de tributos não é capaz de garantir que a arrecadação de tributos será feita de forma justa, ele deve ser substituído por outro.

Com a adoção de políticas populistas a partir do começo do século XX, o nosso Estado que era paquidérmico e indolente (no sentido de ser insensível à dor do cidadão) por ser insuficiente e ineficiente, passou a ser paquidérmico e indolente (no sentido de ser "preguiçoso", desleixado e negligente) justamente por crescer demais assumindo compromissos que não podia e nunca poderá honrar simplesmente porque, não importa o quanto o governo arrecade de seus cidadãos, ele nunca terá dinheiro suficiente para atender certas necessidades dos cidadãos que não são e nem devem ser responsabilidades atribuídas a agentes do Estado. Atualmente nós temos um Estado gigantesco, porém, ainda ineficiente. Burocrático e pouco transparente. O Estado brasileiro não serve a seus cidadãos como deveria. Serve-se, isso sim, de todos os cidadãos como "fonte de renda" para se sustentar como se cada cidadão deste país fosse um escravo. Isso não pode estar certo.

Consequências mais do que esperadas

É inevitável a contradição entre o que o nosso sistema de administração pública deveria ser nos nossos dias e o que ele é realmente. Convivemos com uma administração pública que ainda carrega "cacoetes" dos tempos em que a colônia era administrada por funcionários da coroa portuguesa e, ao mesmo tempo, temos que lidar com um mundo transformado pela tecnologia no qual as pessoas vivem, no mundo real e não no mundo ideal em que vivem os burocratas, possuem necessidades diferentes agora daquelas que possuíam há 2 séculos.

Se bem que em nosso país algumas pessoas ainda convivem com problemas que deveriam ter sido resolvidos há pelo menos um século, como crianças brincando à beira de esgotos a céu aberto. Mas o que quero frisar aqui é que o mundo avança (e as pessoas, mesmo em nosso país) em uma velocidade tão grande que deixa nossa administração, pesada e indolente, em eterno descompasso com as reais necessidades da população.

Quando herdamos a estrutura administrativa vigente nos mais de 300 anos de colonização não nos preocupamos em atualizar e adaptar essa estrutura aos nossos interesses. Nos quase 200 anos desde que nos tornarmos independentes até que houve alguns avanços e várias tentativas de reformas. Contudo, todas as tentativas feitas até aqui, com o objetivo de modernizar a Administração Pública falharam na tarefa de dar a ela mais dinamismo e mais transparência.

Hoje temos que conviver com um monstrengo que traduz de maneira tristemente apropriada do conceito de *contradição*. Atualmente, de um lado, nossa administração pública é um fardo pesado demais para os ombros dos cidadãos, de outro, essa mesma administração pública é eternamente incapaz de prover até mesmo as necessidades mais básicas do conjunto da sociedade. Sempre falta praticamente tudo. Falta segurança pública, falta esgoto sanitário, faltam políticas sérias de inclusão social e econômica, falta uma educação minimamente eficiente e que seja capaz de dar, justamente aos mais pobres, oportunidades de crescimento profissional e geração da renda de que tanto necessitam. O nosso Estado é grande demais para os nossos bolsos e, bizarramente, não é grande o bastante para garantir a prestação de serviços públicos de qualidade, principalmente aqueles serviços que, em virtude de sua natureza, o Estado não pode delegar a particulares como a segurança pública ou a administração da justiça. Estranho.

Quando o embrião do nosso país começou a se formar há 500 anos vigorava na Europa uma mentalidade muito diferente da que temos hoje. Inexistia a noção de que o estado deve servir a seus cidadãos. Thomas Hobbes ainda não havia escrito o seu Leviatã no qual cunhou o conceito de "contrato social". Noção essa depois aperfeiçoada por Rousseau. De qualquer forma, esse conceito de que os cidadãos que convivem em uma determinada sociedade celebram uma espécie de "contrato" entre si de modo a beneficiarem-se mutuamente demorou séculos para se consolidar. Mesmo nos tempos em que nos tornamos independentes ainda vigorava na administração pública a noção de que a benevolência do "soberano" – rei ou estado – é reservada aos que podem ter acesso aos ocupantes de cargos na administração.

Sérgio Buarque de Holanda cunhou o termo "Homem cordial" para se referir ao povo brasileiro e, entre outras coisas, descrever nossa incapacidade de fazer a devida distinção entre as instâncias públicas e privadas, entre o Estado e a família. Essa incapacidade de distinguir entre o interesse público e o particular acaba dando origem não só aos recorrentes casos de corrupção, mas também a uma certa prática do que se convencionou chamar de "política do compadrio". Aquela prática visível até mesmo em casos muito recentes de corrupção como o mensalão e o petróleo onde políticos colocam a sua proximidade com o poder para favorecer empresas não só nos negócios "feitos à luz do dia" como a malfadada política econômica de investimentos nos "campeões nacionais" durante o governo petista, mas também nos negócios ilegais como os muito bem documentados e já mencionados escândalos do mensalão e petrolão.

Outra face cruel desse estado de coisas é a noção arraigada na mente de algumas pessoas (muitas delas sinceramente bem intencionadas) de que a atuação do Estado na esfera social deve consistir numa espécie de "caridade" como se ao Estado coubesse dar esmolas aos mais pobres e isso fosse uma espécie de Assistência social. Não é. Refuto essa ideia apresentando minha noção do que deve ser uma atuação séria na seara social por parte do Estado.

O Estado não pode dar esmolas a ninguém simplesmente porque não tem dinheiro que lhe pertença. O dinheiro que financia qualquer atuação do Estado sai dos bolsos de todos os cidadãos. No caso do Brasil tristemente esse dinheiro sai mais, proporcionalmente, do bolso justamente dos mais pobres. Qual seria o sentido de se retirar do bolso do pobre o dinheiro que já lhe faz falta para devolver tal dinheiro a esse mesmo pobre e chamar isso de "Assistência social"? Melhor seria desde o começo deixar o dinheiro do pobre.

O Estado nunca faz caridade a nenhum de seus cidadãos simplesmente porque tudo o que o Estado fizer será financiado pelos recursos tirados do bolso desses mesmos cidadãos. Ao Estado cabe, dentre outras coisas, garantir oportunidades, principalmente econômicas, a todos os seus cidadãos. O

Estado deve atuar no sentido de garantir que as relações sociais, econômicas e políticas realizadas entre seus cidadãos sejam feitas de uma maneira justa para todos. Não cabe ao Estado atuar de maneira parcial em favor nem de patrões em detrimento dos empregados ou vice-versa. Cabe sim ao Estado garantir que as relações profissionais desenvolvidas entre ambos sejam conduzidas da forma o mais justa possível.

A noção de que o Estado deve fazer caridade aos mais pobres ao invés de adotar políticas públicas que ajudem a garantir a **emancipação econômica** dos pobres é nociva porque parte do pressuposto de que o dinheiro do Estado é inesgotável e vem de uma fonte mágica, misteriosa e não do bolso de seus cidadãos na forma de tributos arrecadados por esse mesmo Estado. E o pior é que sem uma atualização nas práticas administrativas adotadas em nosso país, nunca teremos um Estado verdadeiramente eficiente e capaz de prover seus cidadãos, pelo menos, do essencial no que se refere a serviços públicos tais como segurança pública tão em falta faz muito tempo.

O quadro piora quando aquele pendor para o populismo político comete ao Estado mais responsabilidades financeiras do que ele é capaz de suportar. E ao invés de equacionar os gatos melhorando a qualidade de seus gastos, nossos gestores sempre dão algum jeito de arrancar um pouco mais do bolso do contribuinte. Sempre é mais fácil ceder ao sedutor canto da sereia do aumento de impostos.

Contudo, colocar mais dinheiro em um sistema ineficiente e nada transparente equivale a tentar apagar uma fogueira jogando sobre ela um galão de gasolina. Não resolve o problema. Pelo contrário, apenas consegue aumenta-lo. É recorrente e justa a reclamação contra nosso obtuso e cruel sistema tributário. O clamor por uma reforma de nosso sistema tributário cresce e aparece sempre que nos damos conta de que trabalhamos cerca de 5 meses por ano apenas para pagar impostos para o Governo. É natural que queiramos nos livrar deste problema o quanto antes e uma reforma tributária parece ser um atalho bastante atraente. No entanto, é necessário observar que se uma reforma é um destino inevitável em nosso horizonte, afinal, é impossível nos darmos

ao luxo de conviver com um sistema de coleta de tributos tão ineficiente, confuso e pouco transparente
quanto é o nosso, também é verdade que se fizermos
semelhante reforma tributária sem que ela seja precedida de uma ampla reforma na forma como nossas
autoridades públicas administram e aplicam os recursos arrecadados, a reforma tributária será inútil.

Senão vejamos. Caso façamos uma re-
forma tributária realmente consiga fazer que o contribuinte pague menos impostos sem termos uma ideia
clara de quanto realmente a máquina pública necessita de recursos financeiros para funcionar e proporcionar a cada cidadão aqueles serviços públicos que
o governo deve prestar correremos o risco de ver um
governo sem dinheiro até para pagar o salário de seus
funcionários. Por outro lado, se a reforma pleiteada
conseguir o oposto, que o governo tenha ainda mais
dinheiro do que já tem sem haja transparência no uso
desses recursos, isto servirá apenas ao propósito das
aves de rapina que se instalam rotineiramente no coração da administração pública seja por meio de um
mandato eletivo, seja por meio das famosas "indicações políticas" para cargos de livre nomeação e exo-

neração. Por óbvio, aumentar a disponibilidade de dinheiro para o Estado sem que sejamos capazes de ver e acompanhar o que o Estado faz com esse dinheiro apenas aumentaria a corrupção na seara pública e que já existe e tantos danos tem causado a toda a sociedade.

Necessário se faz, então, que a Reforma Tributária seja feita o quanto antes. Contudo, ela deve ser precedida de uma Reforma Administrativa que seja capaz de dar real transparência aos atos da Administração Pública nas suas 3 esferas (federal, estadual e municipal) de modo a garantir que cada agente público gaste o dinheiro colocado sob sua responsabilidade pelos contribuintes de forma responsável e produtiva, eficiente.

Não seguir esse roteiro, fazendo primeiro uma reforma administrativa e *depois* a tributária, acabará por condenar nosso país a continuar a conviver com as intermináveis crises, tanto políticas quanto econômicas que já nos atormentam há décadas. A história de todos os países é formada por ciclos, no sentido de "círculos" mesmo. Arcos de acontecimentos que parecem girar como uma roda e acabam por desembocar sempre em algum tipo de crise. A evolução da sociedade e, por conseguinte, da administração pública, se dá em ciclos semelhantes a rodas ou círculos que deslizam por uma superfície. Ocasionalmente essa roda encontra mau terreno e sofre algum "solavanco". Esses solavancos são as "crises" pelas quais passam qualquer sistema, inclusive os "sistemas sociais", os "sistemas econômicos", os "sistemas políticos" e os "sistemas administrativos". É inevitável. As crises sistêmicas são inevitáveis. Contudo, elas não são ou não devem ser permanentes pois elas são a exceção e não a regra. O Brasil é um caso único no mundo onde as crises são a regra.

A eterna "crise" brasileira

Ao consultar o *Dicionário Etimológico da Língua Portuguesa*, de Antonio Geraldo da Cunha (2ª ed.), encontrei a seguinte definição para a palavra CRISE:

> *"Alteração, desequilíbrio repentino, estado de dúvida e incerteza,*

Numa rápida pesquisa pela etimologia dessa palavra encontrei os seguintes resultados:

*"A palavra grega krísis era usada pelos médicos antigos com um sentido particular. Quando o doente, depois de medicado, entrava em crise, era sinal de que haveria um desfecho: a cura ou a morte. Crise significa separação, **decisão**, **definição**."* (http://www.dicionarioetimolo-gico.com.br/crise/)

*"O substantivo (nome) **crise** vem do latim crisis, is, 'momento de decisão, de mudança súbita,(...)' –*

*A palavra **crise** é, em história da medicina, «segundo antigas concepções, o 7.º, 14.º, 21.º ou 28.º dia que, na evolução de uma doença, constituía o momento decisivo, para a cura ou para a morte»; em medicina, trata-*

Não importa a acepção que escolhamos para a palavra crise sempre será evocada a ideia de "momento de decisão", de mudança. Sempre que falamos em "crise", falamos, então, de um momento decisivo. Num país como o nosso, conhecido pelo fato de soluções temporárias se tornarem permanentes (quem consegue esquecer a famigerada e, ainda hoje, odiada CPMF?), não causa estranheza o fato de que a palavra "crise" tenha ganhado um sentido diferente do usual. Aqui ao invés de "ponto de mudança", a palavra crise evoca um estado permanente. Mudam-se as crises o tempo todo. Praticamente todos os dias vemos uma crise nova surgir, seja na vida política do país, seja na área econômica. Mas o que muda é apenas a face, somente a superfície desse imenso lago chamado "crise brasileira". Geralmente, começa com algum escândalo, em especial, na área política. Invariavelmente, esse escândalo se desdobra em diversos campos e acaba afetando a economia do país.

As crises que surgem no Brasil todos os dias parecem novas, mas só parecem. Em essência, quase sempre, são as mesmas, ou A mesma crise. Com novos atores e fatos, aparentemente, novos. Entretanto, a causa da crise costuma ser a (falta de?) ética. É assim há, pelo menos, 50 anos. É verdade que, 50 anos atrás, o Brasil vivia um momento histórico diferente. A ditadura militar cuidava de ocultar, via censura, qualquer menção às crises éticas. Isto, certamente, fazia parecer que as crises da época eram outras. Uma reportagem recente de Veja (01/06/2016, p. 49-52), o notório ex-deputado Pedro Corrêa, em sua delação premiada, deixa-nos claro que a crise ética existia também sob a ditadura militar. Na reportagem "**Decanato da corrupção**", o ex-deputado admite sua participação em negócios ilícitos há, pelo menos, 40 anos. Ou seja, mesmo durante a vigência da ditadura, as negociatas corriam soltas.

Desde quando eu era criança (e já não posso ser chamado de "jovem"), as notícias, sejam na mídia impressa, sejam nas outras mídias, são sempre as mesmas. Como já foi dito, mudam-se os atores, mas a trama é sempre a mesma. Essa trama pode ser resumida da seguinte maneira: O chefe do executivo (presidente, governador, prefeito) precisa formar maioria no parlamento. O pretexto é a tal "governabilidade" que, aparentemente, só pode ser alcançada mediante a farta oferta de cargos e verbas públicas. Coisas que, naturalmente, não caem do céu ou vem de outro planeta. Saem, isso sim, do bolso de todos nós, contribuintes. Acredito que esta é a face mais cruel da grande injustiça social que há no Brasil. A verdadeira injustiça brasileira reside no fato de que a população é chamada para legitimar uma situação política que favorece apenas alguns privilegiados em especial os " amigos do poder" enquanto prejudica o conjunto da sociedade sendo mais cruel, principalmente, com os mais pobres. São eles, os pobres, os mais dilapidados, via impostos, pelo nosso teratológico sistema tributário. Ao mesmo tempo são os pobres os que tem menos oportunidades para melhorarem a sua situação. São, portanto, duplamente roubados. e sempre há algum tipo de crise para justificar a inércia daqueles que exercem o poder, supostamente para "defender" os pobres, mas que, na verdade, querem apenas enriquecer roubando o dinheiro recolhido do bolso do pobre por meio de impostos.

Crises são inevitáveis. São inerentes a qualquer sistema. Samuel Johnson disse "Só duas coisas são certas na vida: a morte e os impostos.". Eu acrescentaria mais uma coisa certa na vida: a crise sistêmica. Todo sistema entra em crise em algum momento de sua história. Por exemplo: nosso corpo é um sistema que abrange diversos outros sistemas, exemplos: sistema respiratório, sistema digestivo, sistema nervoso e etc. Quando algum desses sistemas entra em crise nós ficamos doentes. Se pegamos um resfriado é porque o sistema respiratório entrou em crise. Daí a curiosidade da origem da palavra crise como um termo técnico da medicina para descrever um ponto crítico da doença que pode levar o paciente tanto para a cura quanto para a morte. Um carro também é um sistema. Um sistema mecânico que precisa de revisões periódicas. Por melhor e mais caro que seja o veículo, de tempos em tempos é necessário que o levemos para fazer uma revisão, ou esperar que ele entre em crise e então fique mais difícil e mais caro consertá-lo.

Todo sistema está sujeito a algum tipo de crise em algum momento. É inevitável. Os fatores que levam um sistema a entrar em crise são tão complexos que não é fácil prever em que momento esse sistema entrará em crise. Mas o problema das "crises" no Brasil, sobretudo, as crises das últimas décadas é que quase todas não podem ser chamadas de crises sistêmicas (entendido como um desgaste do sistema). Quase todas as crises pelas quais passamos, em especial, a crise que vivemos agora e que tem como pano de fundo a Operação Lava-jato, não tem origem, necessariamente, em um desgaste natural do nosso sistema político/econômico e sim em uma permanente crise ética. Muda o governo, mas a crise moral permanece porque a suposta necessidade de se alcançar uma governabilidade leva nossos mandatários a mercadejar cargos públicos e verbas para emendas parlamentares. Negociam coisas públicas como se fossem particulares. Como se pertencessem a eles. Causa mais do que espanto o que tem revelado as investigações em curso. Deputados cobrando pedágio na forma de milionárias propinas para permitir que empreiteiras façam negócios com empresas do governo. Tornam privado o que é público, embolsam lucros e deixam o prejuízo para o bolso do contribuinte.

Como o tipo de crise que, há muito tempo, assola o Brasil não é uma crise sistêmica propriamente, não é possível acabar com ela sem tomar medidas efetivas contra a verdadeira causa dessa crise. Enfrentar tal crise e vencê-la, trazendo a saúde para o paciente e não a morte, precisamos usar os remédios certos. Por isso tenho a convicção de que se não acabarmos com a farra da distribuição insensata de cargos públicos a pessoas sabidamente inaptas por não reunir qualidades técnicas a um comportamento ético compatível com o cargo que irá ocupar.

Acredito que, se não aproveitarmos a oportunidade que a crise presente nos oferece para atacarmos o cerne da doença que é ausência de ética no trato da coisa pública, nosso sistema político e econômico não necessariamente irá morrer dessa doença, mas ele, certamente, continuará apresentando os sintomas de uma doença crônica que, se não mata, pelo menos tira a qualidade de vida do doente e incomoda a todo mundo. Este é o momento certo para administrarmos o remédio correto e atacar a causa da doença e não apenas os seus sintomas.

Recentemente o Ministério Público Federal apresentou 10 medidas de combate à corrupção. Não estudei profundamente essas medidas. Não vou entrar na discussão dos méritos jurídicos essas medidas, mas pelo pouco que vi, penso que as 10 medidas tendem mais   a debelar a corrupção depois que ela se inseriu no sistema e menos a evitar que a doença da corrupção comece a agir. Ao responsabilizar aqueles que foram eleitos para administrar os bens públicos em nome dos eleitores e, ao invés disso, negociam esses bens como se fossem bens de sua propriedade, embolsando lucros milionários enquanto a grande parte da população brasileira vive na miséria, por crimes cometidos por aqueles que ocupam cargos na administração pública com a intenção única de desviar recursos públicos para bolsos particulares, evitaríamos a doença da corrupção em sua origem. Seria como limpar as mãos com álcool gel para evitar o resfriado. Mataria o vírus da corrupção antes que ele se instalasse no coração do sistema. Pelo pouco que vi das 10 medidas acho que são válidas e torço para a sua aprovação, mas não acho que, sozinhas, elas irão acabar definitivamente com a doença da corrupção. Responsabilizar os agentes políticos é uma medida que, sozinha, também não acabará com as crises endêmicas, mas certamente começará a agir na causa da doença e não apenas em seus sintomas.

A corrupção é um aspecto inerente à condição humana. Faz parte do caráter de qualquer pessoa. É uma característica presente na personalidade de todas as pessoas. Todos nós podemos fazer tanto coisas boas quanto coisas más. É uma questão de escolha pessoal. Podemos até nos iludir achando que pessoas más podem influenciar as nossas decisões. Mas a escolha entre a corrupção e a ética, entre o bem e o mal é uma escolha inalienável, afeita apenas a pessoa que faz a escolha. Uma pessoa pode estar no meio de corruptos e nem por isso se corromper. a escolha de se corromper ou não é do indivíduo. Reconheço que possa existir muita pressão sobre o indivíduo para que ele se corrompa, mas a decisão final é sempre do indivíduo de aceitar ou não essa pressão. Em sociedades democráticas como a brasileira sempre existem as instituições próprias para lidar com casos assim que envolvem a pressão de superiores hierárquicos sobre seus comandados ou a pressão exercida de fora para dentro no caso do serviço público. Não acredito que, apenas mudando a nossa Constituição em um pequeno detalhe, vamos conseguir acabar com um fenômeno que acompanha a humanidade desde a sua origem. Portanto a corrupção no Brasil não acabará. Não aquela corrupção miúda da cervejinha para o guarda de trânsito. O que tende a acabar é aquela corrupção mais grossa e mais danosa das grandes negociatas envolvendo milhões de reais e cargos públicos que não precisam de concurso público para serem preenchidos, mas que colocam nas mãos de pessoas erradas a capacidade de tomar decisões e de assinar contratos.

Esse poder não chega às mãos dessas pessoas erradas, que depois, provavelmente, se mostrarão grandes bandidos, por outro meio que não seja a nomeação para algum cargo comissionado de livre nomeação e exoneração. Nomeação esta feita por alguma autoridade eleita. O poder que essas pessoas têm foi entregue a elas pelos detentores de cargos eletivos que recebem do povo, via eleição, tal po-

der e, aparentemente, o entregam de maneira delibe-
rada para aqueles bandidos. Quando, por exemplo, o
Presidente da República nomeia um ministro ele, na
verdade, delega a esse ministro uma parcela do poder de decisão e de contratar que recebeu do
povo. Não vejo como conceber a ideia de que o presidente não é responsável pelos atos do ministro no
Exercício do seu cargo. O poder que o ministro tem
não caiu do céu foi entregue a ele pelo presidente que
é o legítimo guardião de tal poder. O ministro não foi
eleito para ser ministro. Não recebeu votos. Quem foi
eleito foi o presidente. Portanto, o povo confiou ao
presidente o poder de decidir e de assinar contratos
em seu nome e não ao ministro. Se, no Brasil, vigorasse um instituto semelhante ao que ocorre nos Estados Unidos onde alguns cargos públicos, que aqui
são preenchidos por meio de concurso, mas que lá
são preenchidos via eleições, por exemplo o cargo de
promotor e juízes em alguns estados daquele país
são eleitos diretamente pelo povo e até certos cargos
como o cargo similar ao de tabelião ou titular de car-
tório no Brasil que lá também são eleitos. Neste caso
poderíamos falar que o presidente, ou governador, ou
prefeito não é responsável pelos atos daquela pessoa

que ocupa tal cargo. Mas, certamente, continuariam responsáveis pelo poder que receberam do povo e pelos atos praticados por aqueles a quem eles delegam esse poder. Por óbvio que pareça a ideia de que, quando o chefe do executivo nomeia alguém para um cargo em comissão ele, na verdade, delega esse alguém uma parte do poder que o povo lhe concedeu por meio do voto nas eleições, parece que ainda precisamos lembrá-los de suas responsabilidades como detentores temporários de um poder que, em essência, pertence ao povo, verdadeiro soberano, e detentor permanente deste poder.

Causaria estranheza até mesmo a Lewis Carrol um país cujo governo precisa de quase 23 mil cargos de confiança para funcionar. Carrol, provavelmente, não escreveria história algumas sobre o Brasil por achá-lo absurdo demais. Estranho, surreal em demasia para parecer verossímil. Pois bem, até recentemente, o governo federal precisava de quase 23 mil cargos em comissão. Houve uma redução, em 2018, de cerca de 15% no número de cargos o que nos deixou com pouco mais de 19 mil cargos. O que ainda é surreal. Como acreditar que o presidente realmente conhece e confia em tantas pessoas e, como ele pode gerenciar e fiscalizar o trabalho de todas essas pessoas? Será que ele consegue ler 19 mil relatórios todo mês? Se, não as conhece, como pode confiar nelas? Como pode saber o que essas pessoas estão fazendo? Como estão usando o poder a elas delegado, o qual ele, presidente, é o guardião temporário, mas o verdadeiro dono é o povo que o elegeu. Penso que prevarica um presidente que comercializa tais cargos para obter apoio político. Apoio este que, ainda por cima, é bastante volátil. Inconstante como uma folha ao vento, mudando de direção conforme o vento. O crime cometido não está em nomear uma pessoa qualquer para uma posição de comando e sim em confiar a esta pessoa uma parcela do poder que ele recebeu nas eleições. Esse poder emana do povo e em seu nome deve ser exercido e, acrescento, que deve ser exercido com toda a responsabilidade e reverência como se fosse sagrado (até porque é mesmo).

Esse estado de coisas não mudará enquanto não informarmos aos nossos mandatários, de forma expressa, inculcada no artigo 37 da Constituição, que eles são responsáveis, sim, pelos atos daqueles que eles nomeiam. Atualmente não custa nada ao presidente nomear 19000 pessoas para ocupar cargos em comissão ou função comissionada. Se essa pessoa é flagrada cometendo crime, isto não será suficiente para que o presidente perca o seu cargo. Por isso penso que lhe parece razoável usar este artifício para obter apoio político. Quando os agentes políticos tiverem em mente que se nomearem a pessoa errada para um cargo de confiança e essa pessoa cometer um crime e, com isso, arrastar o agente eleito, levando-o a perder o cargo eletivo, eles pensarão duas vezes antes de negociar apoio mediante indicação política para cargos de confiança. Ao implementarmos esta mudança, pequena, mas essencial, ganharemos como bônus uma mudança radical na forma como se faz política em nosso país pois as bases das negociações terão que mudar, se atualizar. Não é fácil hoje prever para onde esta mudança poderia nos levar, mas acredito que avançaríamos um pouco mais em direção a civilização. E ainda, conseguiríamos, talvez, por um fim àquelas falsas crises do sistema que foram descritas no início, restando então, apenas as verdadeiras crises sistêmicas, inevitáveis, porém, mais manejáveis e mais fáceis de suportar.

Tais mudanças poderiam trazer, em tese, algum Impacto positivo sobre o aspecto da eficiência do serviço público uma vez que uma das modalidades clássicas da corrupção reside na técnica de servidores mal-intencionados de "criar dificuldades para vender facilidades" mediante pagamento, é claro, de pedágio por meio de suborno em dinheiro ou em "presentes". Esta técnica tão amplamente utilizada pelos corruptos de nosso país tem um efeito perverso sobre a máquina pública, pois, para criar aquelas dificuldades é preciso transformar os serviços públicos num verdadeiro inferno burocrático, redundante, ineficiente e cruel. É nesta selva burocrática que se perde muito da riqueza de nosso país, pois, para ocultar os desvios de recursos acaba sendo necessário desperdiçar tantos outros milhões de reais, colhidos do bolso dos contribuintes, em especial das pessoas mais pobres que em nosso totalmente injusto sistema tributário pagam, proporcionalmente, muito mais impostos do que os mais ricos. Implementando as mudanças aqui apresentadas, penso que, haveria menos interesse da parte dos políticos mal intencionados em desviar recursos públicos para contas partidárias e bolsos privados, haveria portanto, menos resistência da parte deles em modernizar e tornar mais transparente a máquina pública o que faria com que os servidores de carreira tivessem mais cuidados em resistir à tentação de se corromper, pois, eles têm muito mais a perder do que uma pessoa de fora do serviço público que se aventura a preencher um cargo em comissão ou função comissionada por meio de indicação política. Penso que assim poderíamos, realmente, mudar nosso país e, finalmente, ter serviços públicos que valham o altíssimo preço que pagamos por eles.

Capítulo II

A Reforma da Administração Pública

Em nosso país temos uma estrutura administrativa do setor público teratológica, labiríntica. Acho perfeitamente plausível que exista algum ser humano capaz de entender com precisão os "meandros" da Administração pública brasileira, contudo, sou forçado a reconhecer que tal entidade jamais foi avistada. Pelo menos, não por pessoas confiáveis.

Como dizia Lewis Carrol, "Se você não sabe onde quer ir, qualquer caminho serve". Nossa Administração não sabe para onde vai e, geralmente, escolhe caminhos que não deveria trilhar. Não temos por aqui a saudável, apesar de um pouco obsessiva, dos americanos de transformar tudo em números, estatísticas. Por mais que se tente dar a nossa administração alguma transparência, existe até uma lei que estipula isso, a verdade é que ela continua, talvez propositadamente, caótica.

Em geral, quando se trata de governo, seja em que esfera for, só conseguimos saber mais ou menos como o governo gasta o dinheiro que arrecada do bolso dos seus cidadãos. Não há transparência. Não há um planejamento visível que permita ao contribuinte saber como cada entidade pública utiliza o dinheiro dos impostos. Não causa estranheza, portanto, que as pessoas demonstrem tanta animosidade quando se fala em pagar impostos. É fato, ninguém gosta de pagar impostos. Mas tenho a convicção de que se as pessoas fossem capazes de entender como o dinheiro dos impostos está sendo utilizado para melhorar a vida delas, haveria menos ojeriza à ideia de pagar tributos.

Penso que o que causa desconforto nos cidadãos em relação ao ato de pagar impostos reside na quase total ignorância sobre o modo como esse recurso arrecadado é gasto pelos agentes públicos. E a própria legislação tributária ou a atitude dos agentes arrecadadores não contribui para tornar o ato de pagar impostos menos antipático. O nosso código tributário define impostos assim:

"Art. 16. Imposto é o tributo cuja obrigação tem por fato gerador uma situação independente de qualquer atividade estatal específica, relativa ao contribuinte".

Basicamente quer dizer que o Estado pode retirar dinheiro do seu bolso sem que você saiba exatamente o que vai receber em troca. É diferente de uma relação comercial. Quando você compra um produto ou serviço você sabe com precisão o que vai receber em troca do seu dinheiro. Nenhum comerciante conseguiria vender um produto ou serviço misterioso que o cliente não pudesse saber do que se trata. Nas relações tributárias acontece exatamente isso. O governo não tem que explicar por que precisa do seu dinheiro. Ele apenas te cobra suas taxas e tributos. E, ainda que esta devesse ser a regra, não explica como gasta o seu dinheiro depois de ter recebido e utilizado o seu dinheiro.

Tenho a convicção de que as pessoas de um modo geral sabem reconhecer o valor das coisas que adquirem. Embora o pagamento de impostos não seja propriamente uma aquisição de produto ou serviço, se fossem capazes de entender o _como_ o seu dinheiro pago na forma de impostos é utilizado pelos entes governamentais para prestar serviços e realizar obras que beneficiam a população do país (ou deveriam beneficiar). O que incomoda os cidadãos é não saber a resposta para essa simples pergunta: _Como o dinheiro dos impostos me beneficiam._

Se eu compro um produto ou serviço que não é entregue ou que, quando entregue, me faz perceber que ele não agrega valor algum a minha vida, é natural que eu me sinta enganado, consequentemente, frustrado e me sentindo alvo de uma injustiça. Meu dinheiro foi tomado de mim e nenhum valor foi-me entregue em troca.

Outro aspecto cruel da confusão aparente das estruturas administrativas oficiais reside no fato de que não há dinheiro que seja suficiente para alimentar esse "leviatã" brasileiro. São quase rotineiras as "crises fiscais", ora federal, ora estadual ou municipal. O dinheiro dos impostos nunca é suficiente nem mesmo para trocar lâmpadas de postes de iluminação pública ou consertar ruas esburacadas. Como nosso dinheiro não sabe para onde ir, qualquer caminho lhe serve. Infelizmente, como temos visto nos intermináveis escândalos políticos, os caminhos que nosso dinheiro segue geralmente vai parar nos bolsos de alguns espertalhões. Isto apenas aumenta a frustração geral.

Uma ampla e bem planejada Reforma Administrativa é uma ótima maneira de aumentar o engajamento dos cidadãos na obrigação de contribuir para a manutenção do Estado. Não que eu me iluda com a ideia de que chegará um dia no qual as pessoas vão gostar de pagar impostos. Não vão. Pagar impostos será sempre uma atividade de que ninguém gosta. Mas estou convencido de que quando as pessoas entenderem o fato de que o dinheiro recolhido pelo Estado é revertido (ou deveria ser) em benefício de todos os cidadãos e não, como tem sido até hoje, apenas em benefícios dos "amigos do Poder" elas passarão a resistir menos a esta ideia de contribuir com a manutenção do Estado.

A *formação dos Estados Nacionais modernos no ocidente.*

Tal como já havia acontecido no alvorecer da civilização no oriente médio quando as primeiras cidades do mundo começaram a se formar, após a derrocada do Império Romano do Ocidente, durante a Idade Média ocidental, as pessoas começaram a deixar suas propriedades rurais e para se aglutinar em torno do castelo de algum nobre. Obviamente, essa estadia não era gratuita. O preço de semelhante movimento era a servidão dos camponeses para com o dono da propriedade. Na verdade, em muitos lugares da Europa era até comum as pessoas, para fugirem da miséria "venderem-se" como servos para algum nobre dono de alguma propriedade.

Tais pessoas não faziam essas coisas porque gostavam de serem servas. Elas o faziam porque a servidão era um custo menor diante da alternativa. A alternativa era "ser livre" nos campos e correr o risco de testemunhar a horda de bárbaros e salteadores de estradas trucidar suas famílias. Quando o poder central do império de Roma acabou, a Europa ocidental entrou em colapso e a invasão do antigo território romano pelas hordas de "bárbaros" contribuiu para aumentar o caos e a violência. Restava aos camponeses a dura escolha de se defenderem sozinhos, o que não podiam fazer, ou buscar a proteção de quem tivesse um exército e armas para se defender. Mas, como dito, isto tinha um custo. Não havia motivos para o senhor feudal gastar seus recursos defendendo aquela gente que ele nem conhecia. E restava aos camponeses pagar a proteção oferecida conforme podiam.

Após um longo processo histórico que durou séculos e no qual os próprios povos "bárbaros" de outras partes da Europa foram assimilados pela cultura dos povos do oeste daquele continente os Estados Europeus modernos foram se formando. Inglaterra, França, Itália, Portugal, Espanha entre outros, foram surgindo daquele caos medieval e retomando o controle do poder central que se perdeu por um tempo após a queda de Roma.

O que pretendo com essa longa explanação sobre uma parte da história europeia é demonstrar que, apesar de tentadora, a ideia de se viver "fora" de um Estado formalmente constituído é uma péssima ideia. Como Thomas Hobbes já demonstrou em seu livro Leviatã. Quando vivemos naquilo que ele chamou de "estado natural", ou seja, na ausência de um aparato estatal, nós vivemos em um estado de liberdade praticamente absoluto, no entanto, ao viver assim, corremos o risco de viver em uma "eterna guerra de todos contra todos". Como o que aconteceu na Europa medieval deixou claro, às vezes, essa guerra pode ser literal demais. Segundo Hobbes, quando o indivíduo opta por viver em uma sociedade, sob um Estado devidamente constituído, ele abre mão de parte de sua liberdade absoluta. Celebra com os outros indivíduos o que ele primeiro chamou de "contrato", uma espécie de "contrato social".

Um Estado devidamente constituído, como derivado da vontade e do contrato celebrado entre os seus cidadãos, e que serve de suporte a uma sociedade – não como ocorre aqui em que é a sociedade que "suporta" o Estado – é mais do que uma boa ideia, é uma necessidade. Existem coisas que o indivíduo simplesmente não pode fazer sozinho, mesmo que queira.

Administrar a Justiça, por exemplo. Não tem como uma Justiça particular ser realmente isenta. A "justiça" do senhor feudal, por exemplo, não era justiça no sentido estrito da palavra e sim a vontade daquele senhor. Justiça pessoal, particular, não é Justiça (com jota maiúsculo), é vingança. E ao contrário do que muitos pensam e até exprimem ultimamente, vingança não e nunca foi uma forma de Justiça. A vingança é a negação do conceito de Justiça. Foi justamente para limitar o direito de "vingança" que as primeiras leis do mundo foram criadas. Por exemplo, a famosa "Lei do Talião" expressa na máxima muito conhecida do "olho por olho e dente por dente".

Ao contrário do que possamos imaginar vendo essa frase, e muitos já se escandalizaram com a aparente barbárie que ela expressa, me parece que esta foi, na verdade, uma das primeiras tentativas de se limitar o "direito de vingança" que vigorava na época em que ela foi formulada. Não é, como parece, uma forma de o Estado que vigorava naquela época corroborar a vingança e sim uma forma de se tentar evitar que esse direito de vingança acabasse por superar o próprio dano causado no quesito violência por exemplo. Foi uma forma daquele legislador dizer a seus súditos: "Ok, você pode administrar a sua vingança desde que não cause ao ofensor um dano maior do que aquele que esse ofensor lhe causou".

Contudo, Cristo mesmo aboliu essa forma de Justiça há 2000 anos. Ele disse no seu Sermão da Montanha: "Ouvistes que foi dito: 'Olho por olho e dente por dente!' Ora, eu vos digo: não ofereçais resistência ao malvado! Pelo contrário, se alguém te bater na face direita, oferece-lhe também a esquerda!" (Mt. 5, 38 e 39).

A ideia expressa na já mencionada Lei de Talião pode nos parecer absurdamente bárbaro hoje em dia, mas se a entendermos como uma forma de tentar impedir um dano ainda maior, podemos entende-la como um avanço considerável para a época. Se mesmo hoje testemunhamos "vinganças" que se transformam em um espetáculo de violência ainda maior do que a própria ofensa supostamente sofrida, imagine como deveria ser nos primórdios da civilização. O que nos resta claro é que a ideia de uma "justiça privada" é uma péssima ideia. Daí surge a necessidade de se confiar em uma Justiça mantida pelo Estado e nascida da vontade e do consentimento dos cidadãos que compõem a sociedade.

Quando alguém é submetido ao julgamento perante à Justiça, essa pessoa não está (ou não deve estar) submetida à vontade de um único indivíduo. Na verdade, ele está sendo julgado polo conjunto da sociedade que é representada pelo aparato judiciário. Não é o juiz que julga. Ele apenas expressa o julgamento que a sociedade faz dos atos de um de seus cidadãos. O juiz não julga porque ele não faz tal julgamento em seu próprio nome ou segundo seus próprios interesses. Ao julgar, o juiz o faz em nome da sociedade que o investiu nesse papel de julgador.

Poder de polícia – o monopólio do uso da força como forma de se prevenir algum tipo de violência, além de algumas outras prerrogativas, é o que se chama de "poder de polícia" que o Estado deve ter como forma de garantir a segurança dos seus cidadãos. Por razões que foram expostas acima não se pode deixar semelhante poder nas mãos de alguns indivíduos em detrimento do interesse de toda a sociedade. Por ser um poder grande demais, é sensato coloca-lo sob a tutela do Estado desde que tenhamos o cuidado de construir um Estado saudável e bem organizado com uma série de "pesos e contrapesos" de tal forma que o poder que o Estado tem não seja usado por alguns de seus agentes de forma abusiva e opressora.

O poder de polícia, as prerrogativas conferidas aos agentes de Estado são uma forma de fazer com que esse Estado garanta o que já está impresso em nossa Constituição:

Art. 5º, XV - é livre a locomoção no território nacional em tempo de paz, podendo qualquer pessoa, nos termos da lei, nele entrar, permanecer ou dele sair com seus bens;

Se levarmos em conta os números assustadores dos indicadores de violência em nosso país, a cada ano cerca de 50.000 pessoas perdem suas vidas - e esses números dizem respeito somente aos homicídios, se levarmos em conta também os mortos em acidentes de trânsito, os números dobram - podemos notar que o Estado brasileiro tem falhado nas duas missões acima expostas como dever do Estado. Nosso Estado falha em administrar a Justiça e falha em garantir a incolumidade (segurança) dos que nele residem ou por ele transitam. Não é necessário analisar os motivos deste fracasso neste momento. Isso será feito mais adiante.

No momento, basta-nos verificar que existem coisas que o indivíduo não consegue fazer por si mesmo. É melhor que nem tente fazer isso sozinho. A administração da justiça e o poder de polícia acima descrito são bons exemplos de coisas que o indivíduo não deve fazer por si mesmo.

É curioso notar também que, da mesma forma que já havia acontecido nos primeiros tempos da civilização, na Idade Média europeia, as pessoas buscaram a proteção de alguma forma supra individual de poder, ou seja, algo semelhante a um Estado. E tanto em um caso como em outro, as pessoas geralmente abriam mão de algo bem maior do que sua liberdade individual absoluta. Isto demonstra que as pessoas sabem que a constituição de um Estado é uma boa ideia. Demonstra também que as pessoas são capazes de reconhecer o valor que isto tem.

A humanidade tem evoluído a passos largos. Mesmo o conceito que existiu por muito tempo a respeito do Estado mudou muito, principalmente depois de Hobbes. Antes a ideia geral era a de que o Estado era monopólio de alguns, em especial alguma família aristocrática. Hoje, a noção geral é que o Estado é resultado da soma da vontade de todos os cidadãos que o compõe e não um negócio de uma família. Mesmo em sociedades que continuam formalmente organizadas politicamente como uma monarquia, caso de vários países da Europa, a noção de que o Estado não pertence ao rei e sim a todos os cidadãos é clara.

Naqueles tempos as pessoas pagavam impostos ao rei pelo privilégio de residir nos seus domínios e, teoricamente, desfrutar de sua proteção (poder de polícia) e justiça. Hoje em dia as pessoas continuam a pagar impostos. Embora pareça até estranho, fato é que o Estado necessita de recursos para existir e cumprir suas missões. Arrecadar impostos é necessário e (deve) ser para o bem de todos. Contudo, as pessoas continuam a não gostar de pagar impostos. E continuarão a não gostar disso para sempre. Mas, se quisermos que a sociedade funcione e o Estado cumpra os seus objetivos, temos que pagar impostos.

O Estado gera riquezas?

Em termos. A lição que nos fica das escolas d economia é que a resposta para essa pergunta é não. Mas mesmo os economistas que partilham dessa visão reconhecem que se o Estado não gera riquezas, ele pode, porém, criar as condições para que os cidadãos e as empresas criem tal riqueza. Como tentamos demonstrar acima, o Estado é necessário como mediador nas relações que as pessoas estabelecem umas com as outras e que constitui a essência do que podemos chamar de sociedade. O Estado tem o papel de garantir que as relações entre as pessoas sejam feitas da forma mais justa possível.

Algumas teorias econômicas pregam a ideia de que o Estado não gera riquezas. Penso que tal conceito nasce da percepção que um Estado não funciona como uma empresa que fabrica algum produto ou presta algum serviço. Mesmo essas teorias econômicas admitem, no entanto, que, se o Estado não gera riquezas, ele cria as condições necessárias para que essas riquezas sejam geradas. E pode até ser que o Estado não crie riquezas, mas ele sabe muito bem como destruí-las como podemos ver no triste exemplo atual da Venezuela. Ou, ainda, nos exemplos históricos do Brasil e da Argentina.

O Estado é o mediador das relações que os cidadãos e as empresas constroem entre si. Nessa posição, ele pode criar as condições para que ambos gerem as riquezas que irão sustentar a todos inclusive o próprio Estado. Mas também pode produzir desastres econômicos que, literalmente, derrete muita riqueza. É emblemático o exemplo atual da Venezuela, um país rico em petróleo, mas que, devido às políticas desastrosas adotadas por sucessivos governos nos últimos anos vê sua população definhar, morrer de inanição ou fugir para outros países. A Argentina passou por processo semelhante, embora não tão agudo, ao longo do século XX. De uma economia promissora do começo do século passou a ser um desastre econômico do final daquele século e começo deste. Diversas foram as causas desse desastre, mas, é razoável atribuir parte da responsabilidade ao populismo político que vitimou aquele país por décadas. Esta é mesma raiz dos problemas da Venezuela. Também o Brasil se viu em sérios problemas quando cedeu às tentações populistas.

Por hora não será possível analisar um tema tão extenso quanto as tentações populistas de países da América Latina. O que se pretende aqui é demonstrar que se o Estado não pode gerar riquezas, pode, sim, destruir muita da riqueza gerada pelos seus cidadãos. E por estar numa posição na qual tudo o que seus cidadãos fazem acaba de alguma forma passando por ele, o Estado pode, sim gerar riqueza não apenas criando as condições socioeconômicas adequadas para que seus cidadãos trabalhem e produzam, mas também estimulando de maneira adequada seus cidadãos a empreender e a enriquecer.

Existem casos da história recente que demonstram que o Estado pode, sim, gerar riqueza. De maneira indireta, é claro, mas nem por isso menos válida. Caso emblemático talvez seja o da China que em 40 anos passou de uma economia quase medieval para uma economia moderna estimulando seus cidadãos a empreender, apesar de se autodeclarar um "país comunista". É bem verdade que a China, mesmo hoje, está muito longe de ser considerada uma democracia. E em um país com governo autoritário é esperada uma forte intervenção do Estado em todos os setores da vida dos seus cidadãos. Mas também podemos também citar exemplos de países democráticos onde o papel do governo local vai além do básico (oferecer condições e não atrapalhar os empreendedores) e que conseguiram tornar sua economia e sociedade mais dinâmica nos últimos tempos. Caso da Noruega e da Holanda. Países europeus que não podem ser acusados de autocráticos e que, beneficiados por commodities de alto valor como petróleo e gás, tem evoluído social e economicamente. Mesmo os EUA, berço e lar natural do capitalismo moderno, o papel do Estado não se resume a não atrapalhar os seus cidadãos. Há, naquele país, um forte estímulo por parte das autoridades para que as pessoas sejam o mais independente possível do governo. As próprias pessoas de lá tem uma natural aversão a uma exagerada intervenção do governo na vida dos seus cidadãos. Porém, a atuação do Estado é dirigida onde ela é realmente necessária.

Não é nossa intenção defender a fracassada política econômica adotada em nosso país nos últimos tempos e que consistia em eleger os assim chamados "campeões nacionais" para receber supostos incentivos com o objetivo de promover o crescimento econômico, mas que resultou, devido a este e outros fatores, em uma forte contração da economia. Não se trata de usar o dinheiro dos impostos para beneficiar apenas alguns "eleitos" e sim estabelecer políticas de longo prazo que ajudem a tornar justas as relações sociais e econômicas entre os seus cidadãos. Para ficar em um exemplo, podemos citar a Noruega que tem usado o dinheiro ganho com a exploração do petróleo em suas terras para oferecer educação de qualidade e qualificação profissional para seus cidadãos. O que torna a corrida destas pessoas no ambiente econômico mais suave. Mas podemos citar também a China que, a seu modo, vem estimulando fortemente os seus cidadãos a se qualificarem profissionalmente.

Sei que os que dizem que o Estado não gera riqueza acham que isto é o mínimo que se pode esperar do Estado. Mas quando vemos o exemplo de nosso próprio país onde o governo falha até mesmo nisso podemos notar que muita riqueza em potencial não foi criada pela falta de atuação do governo nos setores certos. Sim. O cidadão criará a riqueza. Mas se o Estado não lhe oferece oportunidades, entre elas a oportunidade de se qualificar ou de empreender sem ficar louco com o emaranhado burocrático em especial no ramo tributário, a riqueza que o país poderia criar ficará no mundo dos sonhos para sempre.

É proverbial a capacidade que nossos governantes têm de desperdiçar recursos arrecadados. Até mesmo o processo de arrecadação de tributos é complexo e, sem dúvida, mais caro do que precisaria ser. Parece haver por estas nossas terras um verdadeiro culto à deusa da burocracia estatal. Um pensamento congelado no tempo. Em especial no séc. XIX quando até mesmo a chegada de um burocrata a uma cidade pequena era comemorada como a chegada de um rei. Aliás, lembro-me de ter lido em algum lugar que a expressão comum em nosso país "tomar um chá de cadeira" teria se originado do hábito do rei D. João VI de fazer as pessoas que iriam ter uma audiência com ele esperar, às vezes por horas e horas, para ser atendido. Enquanto esperava, o cidadão tomava um chá, ou várias xícaras de chá. Mas ao invés de ser considerada apenas o que era, uma falta de educação e de respeito com o próximo, tomar um "chá de cadeira" era até motivo de orgulho, afinal, você seria recebido pelo rei. Parafraseando Fernando

Pessoa: "Nem rei nem lei, Ó Brasil, hoje és nevo-
eiro...".

Fato é que vivemos imersos em uma
verdadeira cultura burocrática na qual, ao invés da
máquina pública servir ao cidadão, ela "serve-se" do
cidadão para se sustentar. Há uma inversão de papéis em nosso país. É o cidadão que serve ao Estado
e não o Estado que serve ao cidadão. Basta-nos lembrar do modo como se designa aquele cidadão que
trabalha para o governo para ver que essa inversão é
flagrante. A própria Constituição e a lei (8112/90) os
chamam de "servidores públicos" e não de "senhores
públicos" ou de "feitores públicos".

Mas os servidores públicos são apenas
uma faceta visível da grande máquina que é esse "Leviatã", como Hobbes o chamou, que é o Estado.
Hobbes também demonstrou que esse mesmo Estado deriva da vontade coletiva dos cidadãos que
compõem a sociedade. Contudo, é de se observar
que os que trabalham para o Estado merecem a sua
remuneração e o que o governo gasta com seus funcionários provém dos recursos arrecadados do bolso
dos cidadãos. Natural esperar, então, esperar que os

gestores públicos usem de bom senso na hora de efetuar esse gasto. Não é razoável que se gaste muito mais do que seria razoável. Também não é preciso que se gaste muito menos do que o necessário. Não se trata de gastar pouco e sim de gastar bem.

Por que o Estado brasileiro não gera riqueza, na verdade, a destrói?

Não é que o governo gasta pouco com servidores, na verdade, gasta mal. Em 2015 nosso governo gastou 264281000 e 80 centavos com o pagamento de cerca de 2.199.000 servidores ativos e inativos. Num cálculo simples dividindo o montante gasto pelo total de servidores obtemos a cifra espantosa de 120.182,36 para cada servidor. Esse é o custo médio de cada Servidor Público Federal para os cofres públicos, em última análise, para o contribuinte. Não é que cada servidor receba esse valor como salário. Não acredito que existam servidores que recebam esse montante uma vez que ele extrapola em muito o limite constitucional para salários no serviço público. Esse valor reúne, além do salário pago diretamente ao servidor, os gastos que o governo precisa ter com cada servidor, como por exemplo, a contribuição patronal para os fundos de aposentadoria, entre outros gastos.

Ao fazermos uma comparação tomando como base um certo corte de tempo, por exemplo, 10 anos a situação parece aí ainda mais espantosa em 2006 o governo gastava cerca de 115 bilhões para pagar mais ou menos 1.980.000 servidores ativos e inativos. O que dá pouco mais de 58000 para cada servidor. Fica patente o incremento de inacreditáveis 230 por cento nos gastos com pessoal, para um incremento da força de trabalho da ordem de 11%. Em termos percentuais, na comparação entre os gastos com pessoal e o PIB, houve até um decréscimo, pois, em 2006 os gastos com pessoal equivaliam a, cerca de, 4,8% e em 2015 equivaliam a 4,3. A relação entre os gastos com pessoal e a receita corrente líquida cresceu, no entanto, se compararmos com 2006, quando este percentual era de 29,7 por cento, em 2015 saltou para 38%, um aumento de 9%, entretanto, ainda abaixo do limite de 50% imposto pela lei de responsabilidade fiscal.

Os números acima se referem apenas a esfera Federal. E desde já, peço desculpas a um leitor deste texto, pois sei que estes números são aproximados, apenas uma projeção. Apesar da lei de acesso à informação (Lei nº 12.527/2011) que obriga agentes públicos a divulgarem informação, seria preciso 12 Hércules para realizar apenas um trabalho que é compilar e compreender estes números, talvez, propositadamente, confusos complexos cacofônicos. Estes dados, aqui utilizados, foram extraídos dos relatórios disponíveis no site do Ministério do Planejamento. Utilizei, mais especificamente, o relatório referente ao mês de agosto de 2016. Para o que pretendo, no entanto, estes números serão suficientes pois, pretendo demonstrar como uma pequena modificação no Artigo 37 da Constituição pode fazer nossa administração pública ganhar muito em eficiência.

Uma rápida olhada no artigo 37 inciso 2 da Constituição permite-nos observar que o mesmo é um tanto vago no que se refere a descrição dos cargos públicos que devem ser preenchidos mediante concurso público e sobre o que seria, exatamente, cargos de livre nomeação e exoneração. Também não prevê que tipo de responsabilidade autoridade eleita tem sobre os atos praticados por aqueles que são nomeados para preencher tais cargos.

E por isso boa parte das reformas que o Brasil precisa passa, necessariamente, pelo artigo 37. Isto não causa estranheza visto que é nesse artigo da nossa Constituição que a administração pública ganha a sua forma. É também dele que se regula a relação do cidadão com o estado. Boa parte do que precisa mudar em nosso país poderia ser modificado simplesmente alterando alguns dos parágrafos e incisos deste artigo. Cito como exemplo nos incisos 1 e 2 deste artigo que são vagos ao definir o que são cargos, empregos e funções públicas, bem como, em esclarecer quais são as responsabilidades e quem nomeia e de quem é nomeado para ocupar uma função ou cargo de confiança.

A minha proposta gira em torno da ideia de que a autoridade eleita que nomeia alguém para um cargo de confiança é responsável por todos os atos praticados por essa pessoa no Exercício das suas funções. Esta noção me parece tão óbvia que me sinto um pouco envergonhado de dizê-la. Quando o povo elege alguém para um mandato, na verdade, delega a esse alguém o poder que ele pertence de tomar decisões. Isto acontece porque, naturalmente, seria totalmente inviável praticar, num país de 200 milhões de habitantes, uma democracia direta como a que era praticada na cidade de Atenas da antiguidade. Seria um pesadelo termos que decidir no voto cada contrato, cada decisão que a administração pública necessitasse. São escolhidas pessoas a quem delegamos o poder de fazer essas coisas.

Quando votamos em alguém nós confiamos a esse alguém o poder que nos pertence. É responsabilidade da pessoa zelar por esse poder, cuidar para que ele seja bem utilizado. Se essa autoridade nomeia alguém para um cargo de confiança, ela delega o poder, que recebeu do povo, a essa pessoa para tomar decisões assinar contratos, etc. É como se a autoridade dissesse publicamente: "Eu confio nesta pessoa e entrego a ela parte do poder que recebi do povo", portanto, não vejo como não entender que a autoridade eleita é a verdadeira responsável pelos atos praticados pelo nomeado no exercício do seu cargo. O poder que essa pessoa tem não foi dado a ela diretamente pelo povo, não foi eleito para ocupar esse cargo, recebeu tal poder de alguém que foi eleito. Assim, o ideal, penso que seria deixar claro no artigo 37, inciso II da nossa Constituição, que a autoridade Eleita é corresponsável por tudo o que a pessoa, nomeada para um cargo de confiança, fizer e pode ser responsabilizada inclusive politicamente o que significa arriscar-se a perder o cargo eletivo caso o nomeado cometa crimes no exercício do cargo. Assim, propõe-se alterar o texto do inciso 2 e acrescentar duas alíneas a ele. Além de alterar o inciso XXI e acrescentar o inciso XXIII, por ora inexistente. A mudança ficaria assim:

I - os cargos, empregos e funções públicas são acessíveis aos brasileiros que preencham os requisitos estabelecidos em lei, assim como aos estrangeiros, na forma da lei;

a) A Lei definirá, caso a caso, quais são os cargos, empregos ou funções públicas que exercem Atividade Exclusiva de Estado.

II - a investidura em cargo ou emprego público, DEFINIDO EM LEI COMO SENDO DE ATIVIDADE EXCLUSIVA DE ESTADO, depende de aprovação prévia em concurso público de provas ou de provas e títulos, de acordo com a natureza e a complexidade do cargo ou emprego, na forma prevista em lei, ressalvadas as nomeações para cargo em comissão declarado em lei de livre nomeação e exoneração; (Redação dada pela Emenda Constitucional nº 19, de 1998)

a)   – Ficam convertidos em Postos de trabalho os demais cargos e funções públicas à medida em que ficarem vagos.

b)   - É facultado ao Administrador Público prover os Postos de trabalho, mencionados na alínea anterior, diretamente, por meio de processo seletivo simplificado, ou delegar este provimento à empresa especializada no fornecimento de mão de obra qualificada. Em qualquer dos casos, os contratos de trabalho não poderão ultrapassar 05(cinco) anos sem que haja novo processo seletivo ou nova licitação para contratação de empresa, aplicando-se a essas contratações, o disposto no inciso XXI e suas alíneas "a" e "b".

III - o prazo de validade do concurso público será de até dois anos, prorrogável uma vez, por igual período;

XXI ressalvados os casos especificados na legislação, as obras, serviços, compras e alienações serão contratados mediante processo de licitação pública, com editais e demais documentos publicados em língua portuguesa e em, pelo menos, mais um idioma estrangeiro, preferencialmente, a língua inglesa, que assegure igualdade de condições a todos os concorrentes, com cláusulas que estabeleçam obrigações de pagamento, mantidas as condições efetivas da proposta, nos termos da lei, a qual disporá sobre as exigências de qualificação técnica e econômica indispensáveis à garantia do cumprimento das obrigações, bem como, disciplinará a contratação de seguro fiança para garantir o cumprimento do contrato por ambas as partes.

a) são nulas para todos os efeitos as contratações de que tratam este inciso quando forem obtidas por meio de fraudes e outras condutas criminosas por parte de agentes públicos e participantes do certame ou processo, respondendo civil e criminalmente, os autores da conduta criminosa, sendo condicionada a obrigação de ressarcir o estado pelos prejuízos causados, por parte dos envolvidos, qualquer benefício que a lei dispuser em favor dos réus.

b) responde por omissão a autoridade que, mesmo não participando da conduta criminosa, comprovadamente ciente dela, nada fizer para contê-la.

XXII - as administrações tributárias da União, dos Estados, do Distrito Federal e dos Municípios, atividades essenciais ao funcionamento do Estado, exercidas por servidores de carreiras específicas, terão recursos prioritários para a realização de suas atividades e atuarão de forma integrada, inclusive com o compartilhamento de cadastros e de informações fiscais, na forma da lei ou convênio. (Incluído pela Emenda Constitucional nº 42, de 19.12.2003)

XXIII - responde de forma solidária, administrativa/política/legal, a autoridade eleita que nomeou a pessoa para ocupar Cargo em comissão ou função comissionada, de livre nomeação e exoneração, mencionados no inciso II deste artigo, sendo considerados como emanados da própria autoridade nomeante os atos praticados, no cargo ou função, pelo nomeado.

a) é facultado à autoridade pública responsável extinguir os cargos em comissão e as funções comissionadas ou transformá-los em cargos de função condicionada. Esses cargos de função condicionada não dependem de nomeação assinada por autoridade eleita e devem ser ocupados, preferencialmente, por servidores da carreira na qual se inserem, escolhidos por ordem de merecimento, apurada após cada avaliação de desempenho e produtividade. É condição, para nomeação a estes cargos, não estar respondendo a processo administrativo disciplinar ou processo criminal.

Como se vê, a proposta de mudança do artigo 37 envolve bem mais do que o que foi descrito, a inclusão deste inciso XXIII, deixaria bem claro aos agentes políticos que eles são, sim, responsáveis pelo que o nomeado faz em um cargo de confiança, paro o bem e para o mal. explicita, em nossa Constituição, que o agente político que nomeia alguém para um cargo comissionado de livre nomeação e exoneração, é corresponsável pelos atos daquele que ele nomeou. Ficaria assim evidente que o agente político que nomeia é responsável por tudo o que o nomeado fizer de certo e de errado. Se o nomeado faz algo errado, em tese, isto poderia custar o cargo eletivo de quem o nomeou. Penso que assim o presidente, o governador e o prefeito pensariam melhor antes de aceitar a chantagem de parlamentares para nomear pessoas para cargos chave na administração pública, pois, é provável que esses mesmos parlamentares irão discursar em favor da ética enquanto votam a sua deposição.

Dormindo com o inimigo

Não é preciso ir muito longe para entender como a corrupção se instala no coração das instituições públicas. Basta para isso observarmos o desenrolar da, já histórica, operação lava-jato. Por indicação de parlamentares ou dirigentes partidários, alguma pessoa passa a ocupar algum cargo de confiança assumindo, assim, a responsabilidade de orçamentos, em geral, bilionários. Quase sempre essa pessoa que está ocupando esta posição, não tem a intenção de ajudar as instituições públicas, e sim de arrecadar dinheiro por meio de desvios de recursos públicos. Tais recursos, invariavelmente, vão parar no bolso dos mesmos políticos que indicaram essas pessoas ou para as contas partidárias por meio de "doações" legais ou de caixa dois. Caso fosse apenas o desvio de recursos em si, nós ainda estaríamos no

lucro, mas o problema é que para ocultar essas atividades Ilegais, os corruptos precisam provocar prejuízos igualmente imensos aos cofres públicos. Quem
não se lembra do malfadado negócio em que se me-
teu a Petrobras comprando uma refinaria desativada
e enferrujada nos Estados Unidos a um custo bilionário. Para que pudessem esconder o desvio de Milhões
de Dólares os corruptos envolvidos tiveram que provocar um prejuízo bilionário a Petrobras. Essa manobra ilegal teria sido concebida e executada por pessoas, em sua maioria, oriundas de indicações políticas para cargos de confiança de livre nomeação e
exoneração.

Penso que se, na época, já vigorasse a
mudança agora proposta as pessoas envolvidas pensariam duas vezes antes de cometer este crime. Mas
se cedessem a tentação de cometê-lo, isto custaria,
no mínimo, o cargo da autoridade responsável pela
nomeação dos diretores da Petrobras. Acho que a
sensatez ou, pelo menos, o instinto de sobrevivência
obrigaria a autoridade responsável pela nomeação a
fiscalizar o que seus nomeados estão fazendo ou então, nem mesmo nomearia para não correr o risco de
se ver envolvido em um escândalo desta magnitude.

Isto teria evitado o próprio crime e pouparia Bilhões de Dólares que saíram do bolso dos contribuintes. Acredito que se, a partir de agora, implantarmos as mudanças, agora discutidas, haverá menos interesse de parlamentares e representantes partidários em assaltar os cofres públicos por meio deste expediente que é a nomeação de pessoas pouco honestas para ocupar postos de responsabilidade na esfera pública. E se, mesmo assim, eles insistirem, acredito que o ocupante do poder Executivo não terá a pouca sabedoria de arriscar-se a se envolver em casos de corrupção sabendo que isto pode lhe custar, não só o cargo eletivo, mas muitos outros problemas.

Ao fechar as portas das instituições públicas para a modalidade de corrupção descrita acima não só economizaríamos bilhões de reais, mas também, ganharíamos em eficiência no setor público pois, deixaria de existir a necessidade de se desperdiçar recursos públicos para ocultar os desvios de dinheiro praticada por alguns corruptos. A extinção de cargos de confiança que só servem para acomodar aliados políticos, muitas vezes não exatamente confiáveis, ajudaria a economizar alguns milhões de reais tanto em salários quanto em prejuízos provocados por potencial corrupção. Poderia, também, haver um ganho de eficiência ao diminuir as instâncias de decisões dentro da estrutura das instituições públicas tornando-as assim mais ágeis e transparentes. Colocando o poder de decidir e contratar nas mãos servidores de carreira submetidos a um eficiente sistema de fiscalização e avaliações constantes, o que garantiria aos melhores servidores a escolha para ocupar os postos de chefia, aumentaria em muito a produtividade das nossas instituições públicas.

O enquadramento da Administração Pública no princípio constitucional da Moralidade por si só trará inegáveis benefícios. Penso que tornar o inciso XXI do art. 37 mais específico no que se refere às contratações feitas pelo poder público ajudará nessa moralização. Na sua atual forma, esse inciso, convenientemente vago, permite aos administradores públicos pouco éticos adequar suas licitações fraudulentas à legislação e assim beneficiar as empresas e pessoas que estejam dispostas a lhes pagar suborno.

Não sou ingênuo a ponto de pensar que a mudança que foi proposta para o inciso II do mesmo

artigo não dará margem a muitas contratações desonestas. Mas antes que os desonestos esfreguem
suas mãos já esperando a oportunidade de usar essa
mudança para auferir lucros pessoais criminosos
apresento aqui uma sugestão de mudança que tende
a conter esse tipo de ameaça. Mudando o inciso XXI
acima mencionado o tornaríamos menos propenso a
manipulações indevidas.

A alteração proposta para o inciso XXI
tem como objetivo ampliar a gama de empresas disponíveis para participação nas licitações governamentais. Ao abrir as possibilidades de empresas participantes para além das mesmas empresas de sempre, aumenta-se também a fiscalização por parte dos
participantes aumentando a transparência. Também
aumentará a transparência o fato de a segunda mudança exigir que seja contratado um seguro fiança.
Essa ideia não é minha e nem é nova, mas, com certeza, é eficiente. Esse mecanismo funciona nos EUA
há mais de cem anos. É, portanto, uma estratégia
comprovadamente eficiente.

A ideia do seguro fiança é garantir que a
obra seja realizada em conformidade com o que for
contratado. De forma eficiente e dentro dos prazos

propostos. Um dos grandes sumidouros de dinheiro público está na realização de grandes obras públicas sem nenhum planejamento prévio, com estimativas de custo irrealista e prazos improváveis de serem alcançados. Tudo isso, como vem sendo comprovado por investigações policiais como a Lava-Jato, é feito de propósito para facilitar os desvios de recursos públicos. Ao fazer uma estimativa de custos muito abaixo do que é necessário para conclusão da obra, tanto as empresas quanto os maus gestores públicos já sabem que a obra não será concluída com aqueles valores. Contam com os chamados "Termos Aditivos" para inflacionar o valor original e lucrar muito acima do que seria justo, além, é claro de dividir o butim com os gestores públicos desonestos na forma de suborno. A obrigação de contratar um seguro fiança tornará mais difícil esta estratégia de corrupção. Pois, a empresa que fornece o seguro não o fará se a obra segurada não tiver um planejamento adequado, com estimativas de custo realista e prazos possíveis de ser alcançado. Isto aumentará também a transparência dos contratos porque será de grande interesse por parte das seguradoras que os contratos sejam cumpridos sem nenhum tipo de problema já que, se algo der errado, quem pagará os prejuízos será a empresa de seguros. Assim as empresas que fornecerem o seguro terão todo o interesse em fiscalizar a obra e auditar os contratos tornando-se, assim, mais uma instância de fiscalização.

Nenhuma empresa de seguros minimamente séria aceitaria prestar seus serviços de seguros em uma contratação pública nebulosa e eivada de irregularidades sabendo que teria que pagar o seguro contratado quando os (inevitáveis) problemas surgissem. Lembro-me aqui do caso da Petrobrás que, logo depois de os casos de corrupção viessem à tona, não conseguiu por muito tempo encontrar uma empresa de serviços de auditoria que aceitasse auditar os seus balanços. Arthur Andersen, uma empresa tradicionalíssima de auditoria dos EUA foi à falência depois de vir a público o seu envolvimento nas fraudes praticadas pela empresa Enron nos anos 2000. Acredito que o mesmo poderia acontecer a empresas de seguros que aceitassem participar de "esquemas" de corrupção pública. Melhor não se envolver, então.

A inclusão das alíneas "a" e "b" complementam os mecanismos de segurança para as contratações por parte da Administração Pública. Ao declarar, na alínea "a", que os contratos obtidos por meio de fraudes são nulos para todos os efeitos, torna mais difícil a possibilidade de membros da comissão licitante convencerem empresários a pagar-lhes propina em troca de contratos. Na verdade, os próprios empresários podem sentirem-se menos tentados a subornar ou ceder a pedidos de suborno porque, se o contrato conseguido irregularmente for considerado nulo, seu prejuízo pode ser grande. Também os outros empresários participantes do certame poderiam ser considerados como fiscais da licitação. Ao invés de se mancomunarem para fraudar a licitação, o que pode ser um mau negócio para o vencedor da licitação se o contrato for anulado pela comprovação da fraude. Uns acabariam vigiando os outros. Se não for pela honestidade, que seja então apenas pela perspectiva de prejudicar um concorrente.

A adoção da alínea "b" significa deixar claro o nível de responsabilidade que tem uma autoridade pública. Penso que alguém alçado a um posto chave na administração pública não apenas pode como deve ter ciência do que ocorre na instituição sob sua responsabilidade. Se uma autoridade pública comprovadamente foi alertada das irregularidades cometidas e nada fez para conter essa prática, ela também é culpada do ocorrido. Mesmo que não tenha se beneficiado da conduta criminosa, é culpada por omitir-se. A já tristemente clássica desculpa do "Eu não sabia de nada" nunca foi e é cada vez menos cabível. Se alguém se apresenta para ocupar um posto de comando na administração pública, essa pessoa tem o dever de saber o que acontece naquela parcela da administração que está sob sua responsabilidade. Ser alçado a um posto de comando na A.P. traz um bônus a pessoa que é desfrutar de uma parcela do poder que pertence ao povo, mas também traz o ônus de se responsabilizar por tudo o que acontece sob aquela parcela de poder. Ninguém pode ser obrigado, constrangido a se tornar ministro de estado, por exemplo, mas se você aceita o convite aceita a parcela do poder, mas também aceita a obrigação de fiscalizar seus subordinados entre outros deveres. Não é razoável omitir-se na hora de cumprir esses deveres.

Servidores Públicos e não "senhores do que é público"

Já a mudança proposta no inciso 2, acima descrito, poderia permitir um maior Jogo de cintura para os gestores públicos, pois, deixa claro que o acesso aos cargos públicos por meio de concurso estaria restrito aos cargos definidos em lei como sendo de atividade exclusiva de estado, isto é, aqueles cargos cujos ocupantes exercem atividades que só podem ser prestadas pelo poder público como policiamento e fiscalização tributária, além de administração da Justiça através da Magistratura e do Ministério Público. Todos os cargos que não sejam de atividade exclusiva de estado passariam a contar com uma forma de acesso diferente, enquadrados na CLT ao invés de no estatuto do servidor público. Baseio a proposta de mudança na convicção de que um dos nós górdios da administração pública, em qualquer de suas instâncias, reside na sua relação com a mão de obra que precisa ser empregada para o desenvolvimento dos trabalhos na esfera pública.

A situação atual do serviço público cria uma contradição inacreditável. Gastamos muito com o pagamento de servidores, mas nunca temos servidores suficientes para a prestação de serviços de qualidade. Faltam professores, faltam médicos, faltam policiais, faltam juízes. Essa contradição pode ser explicada em parte pelo mau uso dos recursos disponíveis. Gasta-se muito e gasta-se mal, como dito anteriormente. Quando o governo contrata um servidor, contrai um compromisso de longuíssimo prazo. Esse vínculo não termina nem depois da aposentadoria ou, até mesmo, da morte do servidor. Pois o estado paga, além da aposentadoria ao servidor aposentado, pensões aos familiares dos servidores quando eles morrem. Essa peculiaridade faz com que os gestores públicos pensem duas, três vezes ou mais antes de contratar novos servidores. Esse vínculo já foi mais rígido. Com advento da EC nº 19/98 que tornou possível a exoneração de servidor estável em caso de necessidade de adequar os gastos com pessoal ao disposto na Lei de Responsabilidade fiscal. Contudo, medida tão extrema traz um custo político tão alto que dificilmente este recurso será utilizado, mesmo em caso de crise fiscal grave como a que, ultimamente, vem assolando vários estados brasileiros.

Com a alteração proposta, pode ser que não haja uma diminuição no custo da mão-de-obra do serviço público, mas esse gasto será feito de forma muito mais inteligente. Em caso de necessidade temporária, durante crises de arrecadação fiscal, por exemplo, será mais fácil redimensionar os gastos com pessoal diminuindo a força de trabalho. Também será possível, em momentos de maior demanda dos serviços públicos, aumentar a força de trabalho, desde que haja disponibilidade financeira, é claro. Também seria possível dimensionar a força de trabalho que exerce serviço de apoio ou auxiliar para um tamanho suficiente e assim liberar recursos para a contratação de mais servidores que exerçam atividades exclusivas de estado.

É certo que contratar mais servidores não, necessariamente, melhorará a qualidade dos serviços públicos prestados. Contudo, tornar a administração da força de trabalho mais flexível pode sim ajudar a diminuir o peso do estado sobre os ombros do cidadão ao mesmo tempo que melhora os serviços prestados. Digo isto porque, não havendo a perspectiva de compromisso de longo prazo com a maioria dos contratados, os gestores públicos podem se sentir mais estimulados a incrementar a força de trabalho sempre que necessário. Pagando a esses trabalhadores um salário justo, compatível com os do mercado e não os valores geralmente maiores do serviço público, fica mais fácil adequar o pagamento de pessoal à disponibilidade financeira do estado. Não havendo também, pelo lado dos trabalhadores, a perspectiva de vínculo permanente com o estado, pode haver uma maior preocupação com a qualidade do serviço prestado já que a avaliação de desempenho seria permanente. O que se espera é uma mudança de mentalidade no que se refere ao papel do estado na vida dos cidadãos e do papel dos trabalhadores a serviço do estado.

Evidente que os ocupantes de cargos, cuja atividade é exclusiva de estado, necessitam de certas garantias como a estabilidade no emprego e vitaliciedade, mas ocupantes de cargos de apoio de nível fundamental, médio ou superior podem exercer suas atividades sem precisar destas garantias já que em seu trabalho dificilmente sofrerão pressões para tomar certas atitudes. Diferente é o caso de investigador de polícia ou um fiscal de tributos que podem ser

pressionados mediante ameaça de demissão se fize-
rem ou deixarem de fazer algo em favor de alguém,
alguma autoridade, por exemplo.

A crise fiscal em que se meteram quase
todos os Estados da Federação e que já dura alguns
anos tem como componente a dificuldade de adequar
a folha de pagamento à arrecadação do Estado pois,
é um processo muito difícil reduzir custos por meio da
dispensa de servidores concursados. Isto, a princípio,
pode parecer um benefício aos próprios servidores,
mas, se analisarmos a questão mais detidamente vemos que é um ciclo perverso para todos os envolvidos
em especial os cidadãos que pagam pelos serviços
públicos com valores de primeiro mundo mas recebem estes mesmo e serviços com aparência de terceiro mundo.

Aos servidores dá uma falsa sensação
de segurança a miragem da estabilidade no emprego.
Mas, justamente por causa deste nó, os gestores públicos, geralmente, relutam em assumir compromissos de longo prazo, como a concessão de reajuste
nos salários, até mesmo a revisão geral anual pre-

vista na Constituição, porque sabem que, em um momento de crise, é impossível reduzir essas despesas e também não podem diminuir o número de ocupantes de postos de trabalho para adequar a folha de pagamento ao que prevê a lei de responsabilidade fiscal. Crises econômicas são inerentes ao sistema e, como consequência, as crises fiscais acabam ocorrendo de tempos em tempos, mas o compromisso do Estado com a sua força de trabalho não pode ser dimensionado nos momentos de crise na arrecadação de impostos. se distinguirmos os cargos que realizam atividades que só o Estado pode fazer daqueles cargos que não exercem essas atividades, pode-se modificar o tipo de vínculo que cada profissional pode ter. Para os que exerçam atividades exclusivas de estado, o vínculo continuaria a ser por meio do Estatuto do Servidor Público, portanto, nada mudaria. Aos demais, o vínculo seria diferente.

Com a mudança proposta. Os gestores públicos teriam uma margem de manobra em caso de crise financeira. Também teria um impacto positivo na qualidade dos serviços públicos, entre outras razões, porque haveria uma cobrança maior dos prestadores de serviço contratados no que tange a produtividade.

Pois, haveria uma constante avaliação de desempenho dos prestadores de serviço e não apenas nos 03 primeiros anos de serviço. Prestadores de serviço menos comprometidos com a qualidade do serviço prestado poderiam ser rapidamente afastados.

Ao cidadão também sobra um prejuízo porque os gestores públicos também relutam em contratar mão-de-obra suficiente para atender a demanda pelos serviços públicos porque, ao realizarem concursos públicos para as atividades intermediárias, como atendimento ao público, confecção de documento ou arquivamento, eles estarão assumindo um compromisso de longuíssimo prazo, já que os servidores contratados, provavelmente, ficarão até a aposentadoria em seu posto, mesmo em momentos de crise seu salário terá que ser pago. Assim, muitos postos de trabalho acabam desocupados por muito tempo causando prejuízo à prestação de serviço ao cidadão.

A mudança de perspectiva representada por esta proposta tornaria mais fácil a administração dos recursos humanos adequando o pagamento da folha de pagamento a realidade fiscal do

Estado. Em momentos de crise bastaria aos gestores públicos congelar temporariamente alguns postos de trabalho até que a situação melhorasse. Em casos de necessidade de afastamento do funcionário não haveria interrupção na prestação de serviços pois, sempre haveria um substituto. Esta mudança permitiria aos gestores públicos sérios utilizarem com mais eficiência e responsabilidade os recursos retirados compulsoriamente do bolso dos cidadãos deste país.

A mudança proposta no inciso 21, conforme descrito acima, ajudaria a manter na linha os gestores não tão sérios assim. Não só em relação à contratação de mão de obra para o exercício de atividades intermediárias, mas em qualquer contratação feita por um ente público. Nessa mudança proposta fica claro que, contratações feitas mediante fraude na licitação, são nulas para todos os efeitos, inclusive o de pagamento de serviços já feitos por quem fraudou a licitação. Os envolvidos na fraude também ficam obrigados a ressarcir os cofres públicos pelos prejuízos que causaram com a sua atitude criminosa ou com a sua omissão. Isto tem como objetivo desestimular qualquer tentativa de fraude nas contratações públicas. Penso que implementar essas mudanças, todas elas, simultaneamente fecharia grande parte das portas que hoje estão abertas para a atuação da mais diversa fauna de corruptos que nosso país consegue produzir.

A última mudança no artigo 37 proposta diz respeito a inclusão de mais um inciso, o inciso XXIII. Esse inciso talvez devesse ser colocado mais próximo do inciso II. Inciso II-b, talvez. Ou incluí-lo como inciso III e renumerar os seguintes. De qualquer forma, mesmo que fique como inciso XXIII, ainda assim, cumprirá sua função. Esse inciso complementa a mudança iniciada no inciso II. Ele esclarece de uma vez por todas a responsabilidade da autoridade eleita que nomeia, bem como a responsabilidade de quem é nomeado para ocupar um cargo de confiança, aqueles que são de livre nomeação e exoneração e prescindem de concurso público. Nos últimos tempos, temos visto, com os desdobramentos da operação lavajato, que essa modalidade de entrada na administração pública tem sido usada como porta franca para a corrupção.

Não há a menor noção de que a autoridade que nomeia é responsável pelo que o nomeado faz em seu nome enquanto ocupa o cargo para o qual foi nomeado. Penso que não deveria ser assim, nunca. Penso que a autoridade eleita não recebe seu poder por obra e graça da Dama do Lago, que deu ao rei Arthur uma espada mágica (Excalibur) que o tornou o primeiro rei da Bretanha. Tampouco esse poder cai do céu sobre as suas cabeças. De algum lugar o poder da autoridade eleita há de vir. O suspeito mais provável de ter concedido tal poder é o cidadão que votou em alguém que tenha se candidatado a um cargo eletivo. Esse cidadão, certamente, faz parte de um ente maior que a própria autoridade eleita. Esse ente chama-se Povo. Fica evidente, pela explanação acima, que a autoridade investida em cargo eletivo não é dona do poder que exerce. Este pertence ao povo que o elegeu. Quando compartilha esse poder com alguém por meio de nomeação para cargo de confiança, a autoridade está delegando a outra pessoa o poder que recebeu na eleição. Esse poder compartilhado não deixa de ser sua responsabilidade. A pessoa que recebe o poder se torna responsável por esse poder, mas a sua responsabilidade continua sendo compartilhada com quem o nomeou.

A ironia é que esses cargos de livre nomeação e exoneração são conhecidos genericamente como "cargos de confiança". Parece-me razoável imaginar que se o ocupante de um cargo eletivo nomeia alguém para tais cargos, está declarando publicamente que confia naquela pessoa o suficiente para delegar a ela o poder que recebeu do povo. É, portanto, responsabilidade da autoridade eleita garantir que o nomeado não cederá a tentação de prevaricar. E como se faz isso? Por meio de uma prévia escolha bem criteriosa seguida de constante fiscalização dos atos praticados pelo nomeado. Se, mesmo assim, o nomeado trair a confiança de quem o nomeou, isso é problema a ser resolvido entre eles. Fato é que ambos estarão errados. Um por ser desonesto, o outro por ser negligente.

Ao possibilitar às autoridades converter ou extinguir os, hoje, muitos cargos de confiança, a adoção deste inciso e sua alínea ajudará a melhorar em muito a performance dos serviços públicos no país. Pois, não só fecha uma porta escancarada para a corrupção, como ajuda a profissionalizar o serviço público e diminui a necessidade de tanta burocracia para lidar com o poder público. É fato que em parte, a burocracia exagerada que temos neste país resulta de uma cultura equivocada que vê na burocracia o único modo de o poder público agir. Mas também é conhecida a velha modalidade de corrupção que consiste no método de "criar dificuldade para vender facilidade" e para esses casos, a cultura burocrática cai como uma luva. Mas havendo menos portas de entrada para a corrupção, haverá também menos pessoas propensas a se corromper, a se oferecer para vender facilidades à custa do bolso do contribuinte.

Como foi dito anteriormente, a reforma deste artigo 37 tem o poder de revolucionar o papel do Estado na vida dos cidadãos brasileiros. Talvez seja necessário fazer outras mudanças neste mesmo artigo, mas, penso, que a simples modificação aqui proposta já melhorará em muito a vida de todos os cidadãos brasileiros.

Enfim... um país sério

Todas essas mudanças poderiam trazer mais agilidade, mais dinamismo para a administração pública. De um lado, a responsabilização das autoridades eleitas pelos atos daqueles que são nomeados para cargos de confiança aliada a moralização nas contratações públicas tendem a dificultar a atuação dos corruptos, o que causaria bem menos prejuízos, não só, pelo desvio de recursos públicos em si, mas também, por causa dos prejuízos causados ao erário de forma propositada para esconder o crime. De outro lado, a flexibilização da relação entre boa parte dos servidores públicos com o poder público, traria benefícios para todos os envolvidos. Os administradores públicos poderiam contratar mão de obra suficiente, nem mais do que o necessário e nem menos e, em caso de contingenciamento ou alguma crise fiscal, teriam mais liberdade para gerenciar seus gastos. Para servidores e demais funcionários também haveriam benefícios já que acabaria a desculpa brandida pelos administradores públicos de crise e contingenciamento na hora de negociar reajustes ou repor as perdas inflacionárias, sendo que cada um receberia o valor justo pelo seu trabalho. Os cidadãos também serão beneficiados, pois, sofreriam menos com a interrupção rotineira dos serviços prestados pelas instituições públicas. Além disso, fiscalização e avaliação constante a que estariam submetidos, tanto servidores quanto ocupantes de postos de trabalhos, ajudariam a garantir a melhoria constante dos serviços pú-

blicos prestados aos cidadãos, em última análise, os

financiadores desse mesmo serviço na condição de

contribuintes.

Capítulo III
Não existe "dinheiro público"

A primeira-ministra MARGARET THATCHER disse em discurso no parlamento britânico: "não existe dinheiro público, mas somente dinheiro do pagador de impostos". Thatcher também disse nesse mesmo discurso que: "Nenhuma nação jamais se tornou próspera tributando seus cidadãos além de sua capacidade". Essas duas verdades demonstram que aumentar a já pesada carga de tributos que cai sobre os cidadãos brasileiros não é a melhor saída para resolver a crônica crise que abate nossa administração pública não só nos últimos 2 anos mas sim há décadas. Apesar de nosso país ter uma das mais altas cargas tributárias do mundo, existem mazelas que não são resolvidas porque sempre falta recursos, especialmente nas administrações municipais. Para ficar num exemplo cerca de 50% dos cidadãos brasileiros não contam com esgoto sanitário, mesmo tendo se passado quase 2 séculos desde que nosso país deixou de ser uma colônia e se tornou uma nação independente. Isso demonstra que, embora existam os recursos, eles não são corretamente administrados.

Evidentemente, como nos mostra Margareth Thatcher, elevar os impostos não resolverá o problema. Administrar bem os recursos que o governo coleta de seus cidadãos é uma forma melhor de solucionar esse nó. E cortar custos desnecessários é uma das melhores formas de se administrar o dinheiro disponível. E administrar bem não é sinônimo de "gastar pouco". É sim sinônimo de "gastar bem". Gastar aquilo que realmente é necessário, com eficiência e transparência.

O oposto do que foi descrito acima traduz justamente um dos mais antigos vícios da nossa Administração Pública. É verdade que não gasta pouco, mas também é verdade que nossos administradores gastam mal, de forma ineficiente e nada transparente. Naturalmente, se fosse esse o foco deste texto, seria difícil escolher apenas um dentre os incontáveis exemplos de desperdícios de recursos públicos que nosso país consegue nos dar. Acredito que, de tão batido, esse exemplo que vou invocar parecerá monótono, repetitivo. Mas também é um dos mais evidentes.

Refiro-me à quantidade de benefícios e mordomias com que algumas de nossas "autoridades" são agraciadas pelo fato de estarem em um determinado momento de suas vidas investidas na responsabilidade de algum cargo público. Seria risível o cortejo de "carros oficiais" que servem essas autoridades, às vezes maior do que o cortejo de ditadores africanos ou da realeza britânica, se não houvesse aí implícita a tragédia incontornável de que é o dinheiro que sai de nosso bolso quem vai financiar esse cortejo.

Não acho que seja pouco o que se gasta com mordomias assim para autoridades como parlamentares (de qualquer esfera de governo) ou outras autoridades. Mas ainda que o valor fosse insignificante, ainda assim, seria muito se entendermos que esse valor sai do bolso do contribuinte. Como bem nos lembra Tatcher, não existe "dinheiro público". O dinheiro que financia o auxílio terno de parlamentares sai do bolso de cada um de nós. E até mesmo os inúmeros "assessores" e até "auxílio combustível" pagos em muitas câmaras de vereadores Brasil afora acabam sendo financiados pelos contribuintes.

E o Brasil é um caso curioso. Embora tenha dimensões continentais, é um país com algumas partes densamente povoadas e outras, maiores, com uma distribuição populacional bastante rarefeita. Curiosamente, embora tenha cerca de 5500 municípios, somente 7 % desses municípios tem mais de 100.000 habitantes. Isto é, a imensa maioria dos municípios do nosso país tem poucos habitantes. Contudo, todos esses municípios, todos, tem câmaras de vereadores. Mesmo que tenham menos de 1000 habitantes. Todas essas câmaras geram custos para o poder público (que, evidentemente, usa o nosso dinheiro para cobrir esses custos). Peso que na imensa maioria dos casos, nesses municípios com menos de 100.000 habitantes esse custo simplesmente não se justifica. Não é que esses municípios não precisem de um espaço para o debate democrático das demandas da sua população. Contudo, me parece razoável imaginar que essas demandas, em um município com poucos habitantes, não são tão grandes assim e nem tão frequente que justifique o gasto permanente com a estrutura necessária para manter uma câmara.

A presente Proposta de Emenda à Constituição tem como objetivo garantir o que preconiza os Princípios Constitucionais da Administração Pública, em especial, no âmbito da Administração Municipal. É de conhecimento geral que nos últimos anos nosso país, em especial as administrações públicas nas 3 esferas de governo, vem passando por uma crise fiscal e orçamentária que tem obrigado nossos governantes a, não só, cortar muitos gastos como também a elevar em muitos casos a já extremamente alta carga tributária que pesa sobre os ombros dos nossos cidadãos. A citada crise tem sido particularmente severa para os governos estaduais e municipais que, em alguns casos, tem impedido até mesmo o pagamento de salários dos funcionários públicos e a realização dos serviços mais básicos em prol dos cidadãos. Ficaria assim:

Art. 5º - Altera o art 29. Dá nova redação aos incisos I e II e acrescenta os §§ 1º e 2º.

(...)

Dos Municípios

Art. 29. O Município reger-se-á por lei orgânica, votada em dois turnos, com o interstício mínimo de dez dias, e aprovada por dois terços dos membros da Câmara Municipal, que a promulgará, atendidos os princípios estabelecidos nesta Constituição, na Constituição do respectivo Estado e os seguintes preceitos:

I eleição do Prefeito e dos Vereadores, para mandato de quatro anos, mediante pleito direto e simultâneo realizado em todo o País;

> a) A eleição para vereadores será feita somente nos municípios com mais de 100 mil habitantes.
>
> b) É facultado, nos municípios com menos de cem mil habitantes, a criação de Conselho Administrativo formado por representantes dos cidadãos.
>
> c) É vedado o repasse de recursos públicos, em qualquer hipótese, para o conselho de que trata a alínea anterior.

II eleição do Prefeito realizada no primeiro domingo de outubro do ano anterior ao término do mandato dos que devam suceder, aplicadas as regras do art. 77, no caso de Municípios com mais de duzentos mil eleitores;

III posse do Prefeito no dia 1º de janeiro do ano subsequente ao da eleição;

> IV para a composição das Câmaras Municipais, será observado o limite máximo de:
>
> a) 7 (sete) Vereadores, nos Municípios de 100.000 (cem mil) até 300.000 (trezentos mil) habitantes;
>
> b) O número de vereadores descrito na alínea anterior será incrementado em mais 2 (dois) vereadores para cada 200.000 (duzentos mil) habitantes até o limite de 55 (cinquenta e cinco) Vereadores.

§ 1º. Nos municípios em que houver eleições para vereadores, a cidade será dividida em distritos conforme o número de vereadores a serem eleitos. Cada distrito elegerá 1 (um) vereador para a câmara municipal.

> I Lei disporá sobre a divisão e funcionamento dos distritos.

Como dito antes, nada menos que 93% dos municípios do Brasil tem menos de 100.000 habitantes. Dos 5570 municípios do Brasil somente cerca de 390 tem mais de 100.000 habitantes. Entretanto, todos os municípios contam com uma estrutura parlamentar representada pela câmara de vereadores e que tem um custo maior do que grande parte dos municípios poderiam suportar sozinhos. Essa estrutura tem custo. Esse custo é pago com o dinheiro dos impostos que sai do bolso dos cidadãos. Esse é um gasto público que na grande maioria das vezes não se justifica. O dinheiro dos impostos seria melhor investido se fosse gasto em prol dos moradores dos municípios.

Vamos tomar como exemplo a cidade de SERRA DA SAUDADE, tida como o menor município do país, tem 825 habitantes. Sua Câmara de Vereadores conta com 9 vereadores. Fazendo um cálculo simples concluímos que cada vereador representa pouco menos de 100 habitantes do município. Se comparássemos com uma cidade como São Paulo, que tem cerca de 12 milhões de habitantes, e mantivéssemos a relação entre o número de vereadores e o número de cidadãos que cada um deve representar, então a Câmara municipal de São Paulo deveria ter 120.000 vereadores. Seria, naturalmente um grande absurdo.

Uma cidade que tem menos de 1000 habitantes conseguiria resolver suas demandas simplesmente reunindo a parcela da população maior de 18 anos em um ginásio ou numa escola, por exemplo. Já para reunir 120.000 vereadores seriam precisos 3 estádios de futebol. O que se demonstra com isso é que é possível resolver as demandas de pequenos municípios sem precisar mobilizar recursos públicos para manter uma estrutura legislativa quando é possível estimular a participação direta da população civilmente capaz.

Existem no país atualmente cerca de 57.000 vereadores. Não é fácil obter dados sobre esse enorme contingente (apesar da Lei nº 12.527/2011, conhecida como Lei de Acesso à Informação). Contudo, pode-se afirmar que o salário de um vereador pode variar entre R$ 5.621,39 e R$ 21.080,21. Mas o salário não é o único gasto que precisamos avaliar. Existem ainda os gastos com carros oficiais, assessores e muitos outros "penduricalhos" que aumentam exponencialmente o custo desta estrutura. Num caso extremo (São Paulo) o total de repasses para cada vereador pode chegar a R$ 156.724. mesmo que admitamos que uma média bem mais baixa, digamos, R$ 35.000 de repasse mensal por vereador, multiplicando esse valor pelo número de vereadores chegaríamos a um total de R$ 1.995.000.000 a cada mês. Anualizando esse valor, chegaríamos a um impressionante total de R$

23.940.000.000. se investíssemos apenas esse valor em rede de esgoto por exemplo, poderíamos zerar em pouco tempo o déficit que os municípios brasileiros apresentam. Se dividíssemos esse valor anual igualmente entre os 5570 municípios existentes no Brasil, caberia a cada um o valor de R$ 4.298.025,14. Esse valor pode parecer pouco, e realmente é se pensarmos em uma cidade enorme como São Paulo, contudo, para um município pequeno como SERRA DA SAUDADE pode fazer uma grande diferença.

A presente proposta tem como objetivo, de um lado, otimizar a relação custo-benefício no que se refere à manutenção de uma estrutura oficial legislativa na esfera municipal, espera-se manter tal estrutura somente nos casos em que a representatividade dos segmentos da sociedade local compensem os gastos em dinheiro público, de outro lado, espera-se estimular a participação direta dos cidadãos dos municípios pequenos incentivando-os a reunirem-se em associações e grupos de interesse que ajudem a fiscalizar diretamente os atos do poder executivo local.

Ao extinguir as câmaras de vereadores de municípios com menos de 100.000 habitantes, ao contrário do que se pode imaginar, não acabaríamos com a participação política dos cidadãos, nós estimularíamos ainda mais o debate político em tais cidades. Com a eleição de vereadores para, supostamente, representar os cidadãos de cidades como a já citada Serra da Saudade em Minas Gerais, ou qualquer município que tenha 1000, 3000, 20.000 ou mais habitantes, as pessoas parecem tender a acreditar que as discussões políticas deixam de ser sua responsabilidade e passam a ser de responsabilidade apenas do vereador eleito. Não há em nosso país uma cultura, por parte dos cidadãos, de criarem e reunirem-se em grupos de interesse, clubes ou sociedades que tenham o objetivo de acompanhar as sessões plenárias do parlamento, em especial o parlamento municipal. Isto parece ser mais comum em países como os EUA ou a Grã-Bretanha.

Não havendo uma estrutura parlamentar estabelecida, espera-se que os cidadãos comecem a se interessar e a se organizar em conselhos, grupos e clubes de interesse comum que tenham como objetivo acompanhar de perto, fiscalizar mesmo, a administração local. Fiscalizar o quanto a prefeitura do seu município recebe diretamente dos cidadãos via impostos e também os repasses oficiais e convênios firmados com as entidades estaduais e federais para a realização de obras e serviços no referido município.

Assim o debate político em municípios pequenos deixará de ser delegado a terceiros e passará a ser responsabilidade direta dos cidadãos. Para além da óbvia economia de recursos públicos que a desativação de estruturas parlamentares caras e pouco efetivas na relação custo/benefício. As associações de moradores, conselhos de cidadãos ou clubes de serviço não receberiam recursos públicos. Não gerariam, portanto, custos para a Administração Pública e seriam uma instância importante de fiscalização dos atos do poder executivo municipal.

Quanto à fiscalização "oficial" dos atos do poder executivo municipal, conforme explicitado no (por hora inexistente) parágrafo 2º que diz o seguinte:

> *"§ 2º Nos municípios em que não houver câmara de vereadores, o orçamento anual e a prestação de contas do exercício anterior serão homologados pela assembleia legislativa do respectivo Estado após análise técnica e parecer do Tribunal de Contas do Estado."*

Não é que com o fim das câmaras municipais os prefeitos ficaram sem a devida fiscalização de seus atos. Essa fiscalização será feita por meio das Assembleias Legislativas. Nesse modelo de fiscalização e prestação de contas haveria muito menos espaço para negociações escusas entre o prefeito e os parlamentares que julgarão suas contas.

Claro que poderia também abrir a possibilidade de chantagem por parte de deputados estaduais desonestos e até "oportunidades" de desvios de recursos públicos perpetrados por parlamentares estaduais desonestos e prefeitos sem escrúpulos. Por outro lado, imagino que é muito mais simples fiscalizar, e eventualmente investigar criminalmente, 2 ou 3 dezenas de deputados que formam o parlamento estadual do que fazer o mesmo em relação à pulverizada quantidade de câmaras municipais que existem na atualidade.

Basta-nos lembrar que atualmente são mais de 5000 câmaras municipais com, pelo menos, 9 vereadores cada uma, cerca de 60.000 pessoas investidas na função de vereador. Por mais boa vontade que as instituições de controle como o tribunal de contas ou o ministério público tenha como acompanhar os atos de tanta gente? E corre em nosso parlamento federal projetos de leis que podem possibilitar a criação de centenas de novos municípios, com novas prefeituras e novas câmaras de vereadores. De onde será que nossos parlamentares esperam que apareça o dinheiro que vai sustentar tais estruturas? Dos cofres públicos, imagino. Mas o dinheiro que está lá não é "dinheiro público". Como nos lembra Margaret Tatcher, esse é o dinheiro que sai do bolso do cidadão. E esse *cidadão brasileiro* já trabalha nada menos do que **cinco meses** a cada ano somente para **pagar impostos**. Quem se atreveria a chamar este estado de coisas de "justo".

Capítulo IV
Reforma da Arrecadação de Tributos

PROPOSTA DE EMENDA À CONSTITUIÇÃO-PEC

Introduz o Artigo 145A, 145B, 145C, 145D, 145E e 145F, bem como seus respectivos incisos e alíneas, todos da Constituição Federal

Art. 145A - A arrecadação de recursos para sustentar o funcionamento da Administração Pública, bem como para financiar as políticas públicas de Estado e de Governo será feita por meio de um Sistema de Tributação Nacional unificado e vertical e que terá como base os municípios e como topo a União.

> I – a arrecadação de recursos financeiros pela administração pública terá, na medida do possível, caráter nacional e unificado, mesmo quando a nomenclatura dos diferentes tipos de tributos e suas alíquotas forem diferentes.

> II - Deverá a administração adotar medidas tendentes a facilitar a compreensão e o acompanhamento da arrecadação por parte do contribuinte. Tais medidas podem incluir, mas não se limitar apenas a, padronizar a nomenclatura utilizada na documentação fiscal, bem como na legislação, documentos orçamentários e de planejamento e execução de obras e compras públicas em todo o território nacional.

§ 1º Caberá à União a edição de normas gerais e regulamentos relacionados à matéria tributária, bem como a criação e majoração de impostos, contribuições e tributos que tenham caráter nacional.

§ 2º Caberá aos Estados a edição de normas e regulamentos relacionados à matéria tributária no âmbito de sua jurisdição, bem como a administração de impostos, contribuições e tributos arrecadados em todos os municípios que compõem o seu território.

§ 3º Caberá aos municípios a efetiva arrecadação dos tributos, contribuições e impostos por meio de uma unidade de arrecadação de âmbito municipal. À unidade de arrecadação municipal caberá a relação direta com o contribuinte tanto pessoa física quanto pessoa jurídica.

Art. 145B - Cada ente administrativo (Federal, estadual e municipal) deverá criar uma conta única, no âmbito de suas administrações para o crédito e a movimentação dos recursos arrecadados.

§ 1º o produto da arrecadação deverá ser depositado diretamente na conta correspondente a cada ente administrativo na seguinte proporção:

I – 40% para o município que efetua a arrecadação

II – 30% para o Estado onde se localiza o município mencionado no inciso anterior.

III – 30 % para a União.

§ 2º É facultado aos entes administrativos criarem fundos tributários de amparo mútuo em caso de emergências.

§ 3º - Aos municípios compete o planejamento e a execução de gastos dos recursos arrecadados em sua circunscrição sendo, porém, possível a celebração de acordos e convênios com a administração pública estadual ou federal para a realização de obras, compras ou prestação de serviços aos cidadãos.

§ 4º Aos estados compete o planejamento e a execução de gastos dos recursos arrecadados em sua circunscrição para promover a integração e o progresso econômico e social dos seus municípios.

§ 5º À União compete o planejamento e a execução de gastos dos recursos arrecadados em todo o território nacional para promover a integração e o progresso econômico e social dos estados e municípios que a compõe.

Art. 145C - Caberá à Administração Pública como um todo adotar medidas e criar condições que facilitem ao contribuinte não só o pagamento dos tributos devidos, mas também a compreensão de todo o processo de arrecadação. Para isso, as autoridades públicas deverão investir recursos e esforços tendentes a informatizar a arrecadação de tributos, além de simplificar os métodos de cálculo e disponibilizar meios de pagamento que sejam facilmente acessíveis ao contribuinte.

I – caberá, ainda, à administração pública, por meio de funcionários habilitados e sistemas informatizados, calcular o montante dos impostos, em especial os impostos que incidam sobre o consumo, e disponibilizar essa informação para as pessoas jurídicas por meio da Internet de modo a permitir exatidão e celeridade na emissão de notas fiscais e acompanhamento da arrecadação por parte do contribuinte.

II – uma vez implementado o sistema de cálculo descrito no inciso anterior, ficam as empresas obrigadas a adotar meios de integrar seus sistemas de controle à nova sistemática de emissão de notas fiscais.

Art. 145D - Fica criado, em substituição a todas as contribuições e tributos que atualmente são arrecadados sobre a folha de pagamento, o Imposto sobre Movimentações Financeiras. Tal imposto terá a finalidade exclusiva de facilitar a arrecadação dos tributos e contribuições incidentes sobre a folha de pagamento dos empregados exceto o imposto de renda retido na fonte devido por parte do trabalhador quando for o caso. O produto da arrecadação de tal imposto não poderá ter destinação diversa da que hoje tem os impostos que vierem a ser por ele substituídos.

I – As contribuições relativas aos direitos individuais dos trabalhadores, tais como fundo de garantia, décimo terceiro salário e férias que hoje ficam retidos diretamente na folha de pagamento deverão ser depositados em uma conta bancária especial e individual aberta em nome do trabalhador quando de sua primeira contratação formal.

> a) Lei complementar regulamentará a criação da conta referida no inciso além de estipular as condições de sua movimentação por parte do trabalhador, tais como as hipóteses em que são permitidos saques de referida conta.
>
> b) Referida conta deverá ser gerida pelo próprio trabalhador de forma semelhante a uma conta de movimentações financeiras de investimentos, mas com limitações definidas em lei para o saque do seu saldo.

Art. 145E - é facultado a estados e municípios criar, nos limites de suas respectivas circunscrições, impostos e contribuições temporárias destinadas exclusivamente à realização de obras de infraestrutura permanente tais como rede esgotamento sanitário e asfaltamento ou duplicação e pavimentação de estradas estaduais, desde que consultada antecipadamente a respectiva população por meio de referendo após a apresentação de planos e orçamento além de uma projeção do impacto da obra na vida dos cidadãos e de quanto tempo será necessária a cobrança de tal imposto.

Art. 145F - Em consonância com o princípio da Eficiência, poderão os municípios que guardarem relações de proximidade e afinidades regionais firmar convênios e formar consórcios intermunicipais tanto para a execução de obras quanto para a realização de compras e outras contratações de interesse do Poder Público.

I – na esfera Estadual os governos estaduais poderão firmar semelhantes acordos visando a integração e o desenvolvimento regional.

II – o disposto no caput também poderá ser adotado pela administração pública municipal e estadual nas hipóteses de concessão ou outorga à iniciativa privada dos serviços públicos prestados aos cidadãos como serviços de coleta e tratamento de esgoto sanitário, tratamento e distribuição de água potável, implementação de rede de comunicação e dados, sistemas de transporte municipais e intermunicipais entre outros.

Art. ____ - O imposto sobre a renda terá sua arrecadação sob a responsabilidade da Administração Pública Federal e o produto dessa arrecadação será compartilhado com as administrações estaduais e municipais em proporção definida em lei.

I – lei definirá as alíquotas que incidirão sobre a base de cálculo constituída pelos rendimentos do contribuinte e que não poderá ser inferior ao equivalente a 2 salários mínimos. Tal base será reajustada anualmente e as alíquotas variarão de 7,5% a 37,5%.

    a) A mesma lei que definir as alíquotas também definirá as hipóteses de deduções sobre a base de cálculo do IR além das restituições permitidas, tais como gastos com saúde, educação, segurança e outros serviços equivalentes aos que são responsabilidade legal do poder público.

    b) A administração pública envidará esforços para, sempre que possível, substituir a arrecadação de tributos incidentes

Uma das maiores amarras ao crescimento econômico e a justa distribuição da renda em nosso país reside no seu confuso e ineficiente sistema de cobrança de taxas e tributos por parte das administrações públicas. Essa proverbial ineficiência talvez explique o paradoxo brasileiro que reside no fato de que nosso país figure entre os países que tem as mais altas cargas tributárias do mundo e, ao mesmo tempo, a falta de recursos financeiros à administração pública para praticamente tudo. Temos prisões que escandalizariam até inquisidores da Idade Média porque (supostamente) faltam verbas para sua reforma e modernização. A saúde pública chega em certos momentos a parecer desumana – afinal, são comuns os casos em que pessoas morrem na fila de espera para atendimento e realização de exames, mesmo se a pessoa é portadora de doenças graves como câncer – porque (supostamente) não tem verba. Até mesmo uma contribuição "provisória" para a saúde. Não deu certo porque os administradores usavam o dinheiro de todas as formas possíveis menos para financiar a saúde.

E, no entanto... Em 2018 a carga tributária em nosso país era de 33,6% do PIB. Não é pouco dinheiro. Significa que passa pelas contas do governo a cada ano cerca de um terço da riqueza produzida em nosso país. Em números temos que o pib é de cerca de R$ 6.600.000.000.000,00. A arrecadação média e de R$ 2.217.600.000.000,00. Bem administrado, esse dinheiro poderia até suprir as necessidades de recursos dos entes da administração pública. Sabemos que não é. E tem ainda um outro aspecto que torna essa situação ainda mais absurda. A configuração equivocada do sistema tributário nacional gera um custo ao contribuinte que é, pelo menos, equivalente ao total de tributos que o mesmo tem de pagar. É conhecida a necessidade que as empresas que operam no Brasil têm de montar departamentos inteiros exclusivamente para lidar com a confusa malha tributária. Em alguns casos podem chegar a dezenas ou até centenas de funcionários dedicados exclusivamente a decifrar e atender as demandas do setor tributário.

Essa estrutura administrativa das empresas não lhes sai de graça. É preciso pagar o salário de todos esses funcionários, mobilizar recursos materiais como mesas, computadores e outros insumos e isso não é de graça. Por gerar um custo à empresa, ela só tem uma saída: repassar esse custo aos serviço e produtos que ela oferece aos seus clientes. Esse valor que é cobrado do cidadão (o verdadeiro contribuinte) não fica nas contas da empresa para que ela reinvista em suas operações. Tampouco esse valor é repassado aos cofres do governo na forma de tributos porque não é um tributo real. Assim, além de pagar a carga tributária mencionada acima, o contribuinte ainda paga esse preço pela incompetência dos administradores públicos em prover um sistema de arrecadação eficiente e que custe pouco para o contribuinte. É parte do já conhecido "custo Brasil" muito conhecido das empresas que operam em nosso país e que pode ser bem explicada como uma forma "eficiente" de queimar inutilmente as riquezas do país.

Nosso sistema tributário é burro e injusto porque pune severamente o contribuinte que deseja pagar corretamente os seus impostos e premia o mau contribuinte que deseja unicamente sonegar seus impostos. Vai na contramão das regras mais elementares da boa gestão de recursos e da prestação de serviços aos usuários. É difícil explicar a origem e a permanência de um sistema tão ineficaz. Mesmo que considerássemos a possível má-fé de alguns agentes formulada na velha prática de corrupção que consiste no ato de "criar dificuldades" para "vender facilidades" não conseguiríamos explicar porque manter um sistema que exala ranço de práticas burocráticas típicas do século XIX em pleno século XXI. Até para alimentar a corrupção já existem métodos mais modernos do que os de dois séculos atrás.

O nosso sistema tributário gera antipatia nos contribuintes não apenas porque cobra muito imposto, mas porque é hostil aos cidadãos. Age como se vivesse em eterna guerra com os cidadãos. Ninguém gosta de pagar impostos é verdade. Mas as pessoas sempre se dispõem a pagar por produtos ou serviços para os quais veem valor. E é perfeitamente possível que as pessoas vejam o valor que os impostos têm se puderem entender sua utilidade. O que desanima não é o ato de pagar os impostos e sim a impossibilidade de se ver o retorno à sociedade que eles deveriam proporcionar. Não é preciso que as autoridades tributárias tratem os cidadãos como inimigos a serem combatidos. O que precisa ser feito é investir em transparência na coleta dos impostos e facilidades para que os contribuintes possam acompanhar sua destinação.

E o objetivo da presente proposta de emenda à Constituição consiste na modernização da administração do sistema tributário nacional. Em primeiro momento não se tratará de diminuir o tamanho da carga tributária real e visível (os 33,5% do PIB) e sim de eliminar a carga tributária "invisível", o famoso "custo Brasil". Nesse primeiro momento busca-se dar alguma racionalidade ao sistema de arrecadação para que ele fique mais transparente e eficiente de modo que o contribuinte possa ver como a sua contribuição está sendo coletada e qual destino ela terá. Como resultado desse ajuste, é quase inevitável que se elimine também o custo que as empresas que operam em nosso país precisam ter para lidar com o sistema tributário. Eliminando esse custo oculto nos preços dos produtos e serviços de nosso país já teríamos um visível alívio no peso que os impostos causam nos ombros dos cidadãos.

As mudanças aqui propostas visam mudar a forma como os tributos são calculados e arrecadados. A primeira proposta versa sobre uma possibilidade que já existe atualmente na CF. em seu artigo 146, parágrafo único prevê um regime único de arrecadação de impostos. Esse regime seria opcional para o contribuinte. Na presente proposta, semelhante estrutura de arrecadação passa a ser obrigatória para o Estado. Ao adotar uma estrutura vertical e unificada de arrecadação garantimos uma economia na implantação da referida estrutura pois elimina-se a existência de departamentos redundantes e conflitantes na maioria dos casos o que aumenta a sensação de confusão tributária.

Unificando o sistema de arrecadação e padronizando as ações e nomenclatura adotada pelas autoridades tributárias ganha-se muito em transparência. Ganha-se também em eficiência pois diminui-se a necessidade dos contribuintes, em especial as empresas, de ter que lidar com várias instâncias e departamentos e ainda ter que entender os diferentes modos de se referir, às vezes a um mesmo tributo. Seria menos necessário às empresas mobilizar funcionários e recursos para atender as demandas do sistema tributário. Alcançaríamos assim a eliminação daquele tributo oculto nos preços dos produtos e serviços. Seria bastante provável que assim conseguíssemos uma redução não só nos preços médios dos produtos, mas também na sensação viva na mente dos cidadãos de que pagamos impostos demais.

Ao adotar um sistema simplificado e racional de arrecadação de tributos pararemos de queimar as riquezas do país. Semelhante sistema unificado ajuda a dar transparência à arrecadação dos impostos o que ajuda a combater a corrupção que talvez exista na sua estrutura. Fica mais difícil esconder possíveis malfeitos quando as pessoas são capazes de compreender o caminho que o dinheiro faz. Sem contar que com um sistema vertical e único de arrecadação ficará mais fácil implementar uma forma de fiscalização muito eficiente e que consiste numa estrutura de "fiscalização cruzada". Nessa forma de fiscalização não há uma única instância ou funcionário responsável por fiscalizar a ação de todos os outros. Na verdade, cada pessoa envolvida fiscaliza todas as outras. Não há uma fiscalização em uma direção apenas. Havendo mais de uma instância, tanto os servidores da instância superior fiscalizam as ações dos servidores da instância inferior quanto os servidores da instância inferior fiscalizam as ações da superior. Assim, fica mais difícil apagar os rastros de eventuais desvios. E muito mais difícil montar esquemas de corrupção como o seria em um sistema onde a fiscalização é unidirecional. Onde apenas a instância superior fiscaliza a inferior. Nesse tipo de sistema, basta a um corruptor subornar os poucos responsáveis pela fiscalização. Já em um sistema onde todos são fiscalizados por todos, fica quase impossível burlar o sistema. Colocando todos os envolvidos no processo como responsáveis pela fiscalização desse mesmo processo torna-se menos provável que essas pessoas queiram comprometer-se ignorando ou sendo condescendentes com sinais de desvios de conduta. Os eventuais indícios de corrupção deixam de ser um "problema dos outros" e passa a ser um problema de quem está trabalhando na instituição pois todos são responsáveis por essa instituição.

Ao instituir a obrigação de cada esfera da administração de criar uma conta única para movimentação dos recursos arrecadados não só economizaremos tempo e dinheiro, mas também aumentaremos a transparência de todo o processo. A ideia é que o recurso arrecadado seja depositado diretamente na conta de arrecadação da esfera que efetuou a arrecadação e daí seja transferido para cada uma das outras esferas o percentual que lhe cabe. Na medida do possível espera-se que os recursos arrecadados relativo a tributos, mesmo no caso de tributos incidentes nas relações de consumo sejam depositados diretamente nessa conta sem precisar passar pelas contas da empresa que vendeu o produto ou prestou o serviço.

Com a instituição desse mecanismo ficará fácil para a sociedade acompanhar a destinação do dinheiro que ela paga ao governo. Não só fica mais transparente, mas também ajuda a fazer com que o cidadão entenda e comece a acreditar que pagar os impostos vale a pena e, portanto, tenderemos a ter

menos resistência. A grande pergunta que muitos cidadãos se fazem não é "por que eu pago tanto imposto?" e sim "para que eu pago tanto imposto?".
Existem países que submetem seus cidadãos a uma
carga tributária bem superior à brasileira. Contudo, se
levarmos em conta que entre esses países temos a
Inglaterra, a Dinamarca e Suécia notamos que há
uma diferença fundamental entre nós e eles. Os países mencionados entregam a seus cidadãos serviços
públicos de qualidade o Brasil não. Nossas estradas
– quando pavimentadas – tem tantos buracos que parecem ter sido arrasadas por um bombardeio aéreo,
a saúde pública é doente quase terminal em boa parte
das regiões do país, a nossa educação está entre as
mais ineficientes do mundo.

No entanto, não seria razoável imaginar
que simplesmente igualando a carga tributária desses
países nós seríamos capazes de oferecer aos nossos
cidadãos um estado de bem-estar social semelhante
ao deles. Na outra ponta temos países como Canadá
e Estados Unidos que cobram bem menos impostos
que nosso país e mesmo assim conseguem oferecer
qualidade de vida para os seus cidadãos que não fi-

cam devendo em nada ao daqueles países mencionados acima. Os EUA cobram em média cerca de 10 pontos percentuais a menos que o Brasil. Penso que a chave para resolver esse enigma reside em uma única frase: Eficiência na administração.

De nada adiantaria aumentar a carga tributária no nosso país se antes não fosse feito uma radical reforma na forma como arrecadamos os impostos de modo a tornar esse sistema eficiente e transparente. Também é provável que não seja possível dar eficiência à administração diminuindo a carga tributária sem que haja antes uma radical reforma no sistema de arrecadação. De uma forma ou de outra é indispensável que se faça uma reforma.

No modelo atual de arrecadação adotado em nosso país o processo de cobrança dos impostos pode ser representado como um funil onde é jogado o produto da arrecadação em uma larga boca que fica em cima do referido funil. Na base ficam os municípios recebendo por uma estreita abertura respingos dos recursos depositados no topo. Por mais dinheiro que se coloque na boca do funil, pelo fato de a abertura na base ser estreita, sempre cairá pouco dinheiro para os municípios. Com a sistemática de arrecadação aqui proposta inverteremos a posição do funil fazendo que os recursos arrecadados no município fiquem no município. E os recursos necessários às administrações estaduais e federal "subam" do município para o estado e do estado para a União. E cada ente federativo assumirá a sua respectiva responsabilidade na arrecadação e administração dos recursos arrecadados.

Já a mudança proposta na forma como os tributos serão calculados e repassados dos contribuintes para as contas do estado visa tornar mais célere e econômica a emissão das notas fiscais e retirar das empresas que operam no nosso país a responsabilidade de fazer um trabalho que na verdade compete aos agentes públicos realizar. Como dito anteriormente, muitas empresas gastam milhões de reais por mês para manter um departamento inteiro somente para lidar com suas obrigações tributárias. Cabe à empresa calcular, recolher e repassar ao Estado os tributos que são cobrados do consumidor. Contudo, interessa mais ao Estado realizar essa cobrança do que às empresas. E não é difícil nos recordar de eventos no passado relacionados a empresas que recolhem o imposto do cidadão e se "esquecem" de repassá-lo ao Estado. E, na verdade, mesmo quando não é o caso de sonegação, tem se tornado cada vez mais comum em nosso país programas de "refinanciamento" de obrigações tributárias que as empresas não conseguem ou simplesmente deixam de cumprir.

É uma lógica que não faz o menor sentido. Obrigar todas as empresas que operam em nosso país a ter um custo extra montando departamentos tributários apenas para atender as demandas das autoridades tributárias. Cada empresa precisa ter o seu departamento gerando custos que são repassados aos preços de seus produtos/serviços quando seria muito mais econômico ter apenas um departamento público que realize os cálculos e os disponibilize para as empresas. Cada empresa adaptará o respectivo cálculo ao preço dos seus produtos.

A prática de obrigar as empresas a calcular os impostos que elas devem recolher parece ser uma excrescência que sobreviveu à marcha do tempo e a evolução da tecnologia desde pelo menos dois séculos atrás. Naquela época o auge da tecnologia era a caneta bico-de-pena. Nem máquina de escrever existia ainda. O telefone acabava de ser inventado assim como o telégrafo. Era inimaginável que uma informação pudesse ser transmitida instantaneamente como ocorre hoje em dia. É verdade que nossos serviços de conexão de dados via internet ainda deixam muito a desejar. Contudo, longe de ser um problema, pode-se ver aí uma oportunidade de nosso país começar a investir mais em expansão de banda larga de altíssima velocidade. Pois, interessará mais ao Estado prover em todas as regiões do país uma conexão de dados de qualidade para que o recolhimento de impostos seja eficiente. Pois os dados de arrecadação transitarão pela rede. O órgão responsável pela arrecadação realizará os cálculos e disponibilizará esses cálculos para a empresa que estiver emitindo a nota. Ganha-se em eficiência e transparência. A empresa não terá que mobilizar recursos para realizar semelhante cálculo. O Estado saberá com rapidez e precisão quanto cada empresa deve recolher de impostos. Se possível a empresa nem terá que se preocupar em transferir os recursos às contas do governo porque isso poderá ser feito automaticamente.

O Brasil tem hoje cerca de 12.000.000 (doze milhões) de desempregados o que representa cerca de 11,7 % da população economicamente ativa. É fato que esse número é fruto das dificuldades econômicas pelas quais o país passou nos últimos anos. Mas também é fato que esse número deve ser olhado por um outro ângulo. Nosso país é vítima há séculos de uma cultura burocrática que nada mais faz do que queimar as riquezas do país em rituais oficiais que pouco ou nada acrescenta à administração pública ou à economia do país. Um exemplo disso são as mais variadas exigências que se faz ao empregador e ao empregado na hora de se firmar um contrato de trabalho. Longe de resolver o problema de ambos, no caso do empregador, o de contratar e gerir uma força de trabalho que agregue valor ao seu empreendimento, do lado do empregado conseguir um trabalho digno que satisfaça não apenas a sua necessidade financeira, mas também que o ajude a realizar as suas aspirações profissionais.

As discussões sobre uma (necessária) reforma na legislação que rege as relações de trabalho já duram algumas décadas. O que não deixa de ilustrar bem um pouco do caráter nacional. Essa é uma discussão urgente e por isso mesmo já demora algumas décadas. Imagine as discussões não tão urgentes assim quanto tempo durariam? Séculos? Milênio? Mas a presente proposta não versa, a princípio, sobre as leis trabalhistas. O que se propõe aqui é uma forma de se dispensar a arrecadação de tributos sobre a folha de pagamento como uma forma de estimular a contratação formal dos trabalhadores, em especial, o contingente de 12 milhões que hoje não conseguem se recolocar no mercado de trabalho. Ao substituir os tributos e contribuições incidentes sobre a folha de pagamento por um imposto único que incida sobre as movimentações financeiras procura-se facilitar a contratação e o gerenciamento da força de trabalho por parte do empregador o que beneficia tanto o empregador quanto o empregado. Afinal, quanto mais postos de trabalhos formais forem criados, menos pessoas desempregadas teremos. Facilitando ainda o gerenciamento da força de trabalho elimina-se o pretexto para outro vício nacional que é a "informalidade".

Não deixa de ser curioso que nossas leis busquem "proteger" tanto o trabalhador que fica inviável contratá-lo "na forma da lei". Resta, tanto a empregadores quanto a empregados, estabelecer uma relação de trabalho à margem da lei ou "informal". De que adianta tanta proteção ao trabalhador tantos direitos e benefícios se ele não pode exercê-los, simplesmente, porque não encontra trabalho? Não é que não devam existir leis que garantam os direitos trabalhistas. O que não é mais necessário no mundo de hoje (como o era no mundo de 70 anos atrás) é que a nossa legislação trabalhista tenha esse caráter "paternalista" que ela tem. Tratando o trabalhador como alguém incapaz de decidir por si mesmo ou de negociar em torno de seus interesses com o seu patrão.

Ao substituir os impostos e contribuições incidentes sobre a folha de pagamento busca-se num primeiro momento combater os altos índices de desemprego. Diminuindo o custo que o contrato de trabalho (formal) tem. Mas espera-se também diminuir os entraves burocráticos que cercam a contratação em nosso país. Por outro lado, não se pode ignorar o fato de que ao abolir alguns impostos, mesmo os incidentes na folha de pagamento, isto implicará em queda de receitas para o Estado. Ao instituir a cobrança de impostos sobre movimentações financeiras equilibra-se essa situação compensando os cofres públicos da perda de receita que se originava na cobrança de impostos sobre as contratações de trabalhadores.

Nessa mesma proposta encontra-se descrita uma outra inovação que reside em fazer com que os benefícios devidos ao trabalhador como 13º salário e fundo de garantia sejam depositados em uma conta individual em nome do próprio trabalhador.

Essa conta funcionaria como uma conta de investimentos e o trabalhador poderia gerenciar diretamente este recurso decidindo onde e em que ele desejaria investi-lo ou poderia delegar essa tarefa a pessoas ou instituições especializadas nisso. O próprio trabalhador ficaria responsável por gerir um patrimônio que é seu. Haveria limitações no que toca a possibilidade de se efetuar saques de tal conta. Ao colocar nas mãos do trabalhador a responsabilidade de gerenciar o seu próprio patrimônio, damos também a ele a liberdade de decidir por si mesmo a respeito do seu futuro.

A permissão concedida pela presente proposta de emenda a estados e municípios para que estes criem impostos temporários visa resolver um dilema nacional que se arrasta há pelo menos dois séculos. Nosso país, embora esteja entre as maiores economias do mundo, padece de males que já foram superados por essas mesmas grandes economias ainda no século XIX ou, no mais tardar, no começo do século XX. Hoje em nosso país, cerca de 50% da população não conta com saneamento básico. Em muitos locais mesmo a distribuição de água potável é bastante precária. Boa parte de nossas estradas parecem arrasadas por bombardeios aéreos. Embora nosso país não entre oficialmente em guerra há muitas décadas, convivemos com problemas de infraestrutura como se fossemos atacados diariamente. Para ficar em uma comparação que pode nos constranger bastante, a Alemanha foi arrasada em duas grandes guerras no século passado e hoje suas estradas causam-nos bastante inveja.

Muito dessa nossa situação reside no desperdício de recursos arrecadas pelo Estado e que, quando não são desviados para bolsos privados, são queimados em práticas administrativas anacrônicas. E sempre que se necessita resolver questões como abastecimento, saneamento e pavimentação esbarramos na mesma surreal desculpa: Não há recursos financeiros para realizar a obra. E quando há, esse dinheiro é desperdiçado realizando obras de baixa qualidade que não resolvem o problema e algumas vezes até o torna maior. Semelhantes obras públicas parecem ser concebidas para não durar muito.

O que se propõe aqui é que os municípios recebam um instrumento legal que lhes permita realizar as obras de infraestrutura que resgatem seus cidadãos do século dezenove e os traga para viver no século vinte e um. Com a criação de impostos temporários espera-se que acabe de uma vez o pretexto de que falta verba para realizar a instalação de rede esgoto ou pavimentação de ruas e estradas.

É de se notar que o que é proposto aqui até pode ser um atalho, mas isto não significa que é um caminho fácil para os gestores públicos. Para que o imposto seja criado é necessário que se cumpram alguns requisitos. Em primeiro lugar é necessário que se faça um planejamento preciso da obra ou obras a serem realizadas. Depois é preciso submeter semelhante proposta, acompanhada dos projetos, à referendo diante da população diretamente interessada. Também não será permitida a criação de tributo que vise outra destinação que não seja a realização de obras de infraestrutura permanente. Não seria cabível também criar impostos temporários para pagar a folha de pagamento ou realizar reparos ou outras obras de menor porte. O que se busca é resgatar uma dívida de séculos que o Estado tem para com os cidadãos. Essa dívida precisa ser resgatada o quanto antes.

A permissão concedida a estados e municípios para que celebrem acordos e convênios ou constituam consórcios visa dar maior dinamismo e eficiência à administração pública, o que se traduz também em economia de recursos públicos. Ao sugerir a concessão de maior autonomia administrativa e tributária aos entes federativos (estados e municípios) não há a intenção de tratar esses entes como se fossem "universos separados" cada um responsável por resolver sozinhos os seus problemas. Quando a eficiência e a economia de recursos forem possíveis através da reunião de municípios, por exemplo, em consórcios, essa prática deve ser estimulada.

Ao reunirem-se, os entes federados poderão planejar e executar obras de interesse de ambos e beneficiar a sua população a um custo muito mais baixo do que se fizessem essas obras sozinhos. Também podem fazer contratos de compras de fornecedores a um custo mais baixo porque o volume de itens comprados será muito maior. E também tem outro aspecto que deve ser levado em consideração. Com mais pessoas de diferentes departamentos e de diferentes entes federativos reunidas fica mais fácil implementar um sistema de fiscalização cruzada e mais eficiente do que a fiscalização unidirecional. Todos passam a vigiar todos o que só beneficia a transparência.

As mudanças propostas para a cobrança do imposto sobre a renda visam muito mais "educar" e incentivar os cidadãos a serem mais proativos e a dependerem menos das instituições governamentais do que incrementar a arrecadação pública. A lógica é a seguinte: ao instituir alíquotas de impostos para faixas de renda a partir do equivalente a 2 salários mínimos institui-se também a possibilidade de isenção para quem investir o seu próprio dinheiro na promoção de saúde preventiva e educação voltada para qualificação e requalificação profissional além de outros incentivos. Com isso espera-se que as pessoas procurem preservar a sua saúde o máximo de tempo possível evitando-se sobrecarregar o sistema oficial de saúde com demandas de pequena monta como meros resfriados ou alergias ou ainda deixar que um problema pequeno e que pode ser resolvido de forma simples quando detectado no começo, inclusive alguns casos de câncer por exemplo, se torne um problema de grandes proporções, muito complexo e caro para os cofres públicos. Ao incentivar o cidadão a adquirir ou aperfeiçoar suas habilidades profissionais fazemos com que esse cidadão consiga alcançar posições profissionais melhores e que esteja ocupando algum posto de trabalho a maior parte do seu tempo e gerando assim sua própria renda.

Com a instituição de mais uma faixa de alíquota de imposto (37,5) torna-se a arrecadação de imposto mais justa. Em compensação a essa implementação, além das possibilidades de desconto e isenção mencionadas acima, ainda teríamos outras possibilidades de isenção e restituição como os gastos com remédios de uso contínuo ou gastos com serviços que são obrigações constitucionais do estado como gastos com segurança, tanto segurança pessoal quanto gasto com segurança patrimonial. E também a instituição de uma nova alíquota será compensada pela redução na cobrança de impostos sobre o consumo.

Ao implementar a reforma tributária aqui proposta *após a implementação da reforma administrativa* anteriormente comentada estaremos fechando o ciclo das reformas necessárias ao Estado Brasileiro. Tenho a convicção de que quando consertarmos os gargalos legais que estão claramente no centro de todos os escândalos das últimas décadas os demais problemas como a ineficiência administrativa na seara política encontrarão o seu fim.

Como demonstrado acima, muito do que nosso país produz em riquezas acaba se perdendo graças à corrupção. Contudo, muito dessas mesmas riquezas acaba por ser desperdiçada em rituais burocrático que em nada ajudam a administração público, pelo contrário, favorecem os maus gestores permitindo-lhes ocultar os seus crimes através do desperdício de dinheiro arrecadado do bolso do cidadão, por exemplo, em obras mal planejadas e malfeitas. Eu não acho que seja uma questão apenas de incompetência que nossas ruas e estradas sejam pavimentadas de uma forma tão ineficiente que em menos de um ano elas já estejam esburacadas e precisando de mais recursos públicos para serem consertadas.

A reforma administrativa seguida da reforma tributária começarão a mudar o cenário da administração pública para melhor. Mas elas não conse-

guirão, sozinhas, resolver todos os nossos problemas. Serão necessárias ainda outras reformas igualmente importantes.

Capítulo V
O legado possível da lava-jato

A lava jato tem sido um ponto fundamental no combate a corrupção em nosso país. Já há mais de 4 anos ela vem fazendo coisas inéditas no Brasil, tais como colocar na cadeia políticos poderosos e empresários que tem bilhões de reais em suas contas bancárias. É inevitável, e tem acontecido muito, de essa operação ser comparada à operação Mãos Limpas que varreu a Itália no começo dos anos 90. Isto deveria ser motivo de alento, pois a Operação Mãos Limpas foi um marco no combate a corrupção, porém, também deve ser motivo de preocupação, porque, vários especialistas, estudiosos de respeito ou pessoas que trabalharam diretamente na operação têm demonstrado ceticismo em relação ao legado da OPML a longo prazo. Embora a operação tenha sido um sucesso a curto prazo, colocando na cadeia diversos políticos e empresários poderosos, a longo prazo, não conseguiu fazer com que a corrupção fosse desenraizada das instituições onde ela vicejava. Pelo contrário, tornou mais refinada essa corrupção. Os corruptos se tornaram mais eficientes em roubar o dinheiro dos contribuintes.

"A Mãos Limpas pode ser considerada uma conquista incrível em curto prazo, mas um fracasso em longo prazo. Em termos gerais, inquéritos judiciais, mesmo quando bem-sucedidos, podem colocar na cadeia alguns políticos, burocratas e empresários corruptos, mas não conseguem acabar com as causas enraizadas da corrupção."

Quem disse isso foi **Alberto Vannucci** (site BBC 17/03/2016), respeitado como um dos maiores especialistas no estudo da Operação Mãos Limpas. É autor do livro **O legado controverso da Mãos Limpas**, onde ele diz que a operação, embora tenha tido êxito em expor a corrupção que grassava naquele país, não conseguiu acabar com as causas dessa corrupção. Não conseguiu matar a corrupção na raiz. Pelo contrário, acabou desencadeando o surgimento de corruptos mais eficientes em escapar impunes. Donatella Della Porta, professora na Escola Normal Superior de Florença. Graduada em sociologia e é uma das mais importantes estudiosas da Operação Mãos Limpas. em entrevista à revista Veja, publicada em março de 2016 disse:

"Acreditar que o Poder Judiciário conseguiria mudar sozinho o corrupto sistema italiano. A chamada "revolução dos juízes" não tinha força para isso. Uma transformação significativa necessitava que uma profunda reforma política fosse feita em paralelo às investigações policiais e às decisões judiciais. E isso não aconteceu."

Como podemos ver, Donatella alerta-nos para o fato de que somente a atuação da Justiça e do Ministério Público não é suficiente para, realmente, acabar com a corrupção. Fica claro que é necessária uma profunda mudança cultural e legal para que possamos superar o poder dos corruptos de conseguirem sair impunes. Outro nome importante ligado à operação feita na Itália, Gherardo Colombo, Jurista que atuou na própria operação chegou a renunciar à magistratura por entender que *não era possível combater a corrupção por meio da Justiça*" (O Estado de S. Paulo: 27/03/2016).

Como vemos, pelos testemunhos acima, que o combate à corrupção envolve bem mais do que investigar e, eventualmente, punir os corruptos. É preciso que haja, em paralelo, uma mudança de mentalidade e uma revisão das leis que garanta o fechamento das brechas legais que permitem aos corruptos, não só desviar recursos públicos para bolsos privados, mas também, escapar impunes. A mudança de mentalidade por parte dos cidadãos brasileiros é um fato que vem se desenrolando mesmo antes da Operação Lava Jato. Quem não se lembra dos protestos contra a corrupção ocorridos em junho de

2013? Há, hoje em dia, menos tolerância em relação à corrupção. Contudo, ainda não se falou nas mudanças profundas que a legislação pertinente precisa.

É urgente que aproveitemos o momento favorável, quando a Operação Lava Jato se une a uma mudança de mentalidade das pessoas para fazer aprovar as mudanças legais que garantam o fim da corrupção. Para isso, penso que é inevitável um confronto entre aqueles que se importam com os rumos desse país e aqueles que, infelizmente, no momento, detém o poder de fazer essas mudanças. Quando falo em confronto, não falo, naturalmente, em violência. Quero me referir a um confronto de ideias e de pressão por meio de protestos pacíficos. Sugiro também uma espécie de acordo entre os eleitores. Relembrando Hobbes: uma sociedade (país, governo, etc.) nasce do desejo e do acordo entre os cidadãos que a compõem. Penso que ao analisar as propostas de mudanças aqui apresentadas e, eventualmente, aprova-las em um referendo, celebraremos uma espécie de "novo acordo" entre os cidadãos, um novo contrato sobre o qual assentaremos uma nova sociedade brasileira. Uma sociedade 2.0 versão atualizada.

Tal sugestão nasce da minha percepção de que o tempo está passando e o nosso país corre o risco de perder a oportunidade de fazer com que a **Lava-jato** deixe realmente um legado positivo ao contrário do que aconteceu na Itália com a **Mãos Limpas**.

Quando teve início em 2014 a Operação Lava-jato abriu uma janela de oportunidade para que finalmente nosso país varresse a corrupção e a colocasse no lugar onde deveria ficar: o lixo da História. E embora a Lava-jato ainda esteja em funcionamento, produzindo efeitos importantes como a condenação de políticos poderosos e até colocar um ex-presidente da república na cadeia, fato é que a O. P. L. J ainda não conseguiu, e nem conseguirá sozinha, debelar as raízes da corrupção.

Obviamente, nem deve ser esse o papel da O. P. L. J e isso porque esta operação é conduzida por instituições que não tem o papel de criar ou alterar as leis ou a Constituição. A lava-jato é conduzida pelo Judiciário e pelo Ministério Público e o seu foco é, e deve continuar sendo, investigar e punir os atos de corrupção já cometidos. E isso por si só já é muito bom. Contudo, como pudemos ver nos depoimentos no começo deste capítulo, isso não basta. É preciso que haja também uma profunda reformulação das leis que, por serem falhas, permitiram a estes mesmos corruptos que atuassem desviando recursos públicos para bolsos privados. Sem que seja feita essa reformulação, haverá sempre o risco de que estes mesmos fatos voltem a acontecer (se é que não estejam acontecendo agora mesmo, o que é muito provável).

Cabe ao Legislativo discutir projetos de leis e propostas de emendas à Constituição. Deveria ser esta a instituição pública responsável pelas reformas legislativas que possam garantir que nosso país passe por uma real transformação e caminhe na direção correta tornando-se assim um país melhor, mais justo e mais ético.

Mas para que estas mudanças aconteçam, é preciso que existam propostas sérias de modificação no que parece ser uma legislação construída sob medida para facilitar a vida dos que se corrompem na vida pública ou nela entram já corrompidos buscando apenas "oportunidades" de se locupletarem por meio do Erário. Contudo, mesmo já tendo se passado mais de 4 anos desde o início da lava-jato, ainda não vemos nenhuma proposta de mudança na legislação que ataquem o cerne da corrupção, que fechem desde a raiz as portas que os corruptos usam para roubar o dinheiro público e se safarem da Justiça.

Quando uma casa já construída apresenta o risco de desabar é de pouca utilidade reformar lhe apenas o teto. Se a construção toda balança, apresenta sinais de que pode ruir é porque seus alicerces estão precisando ser reforçados. Fazer reformas cosméticas como dar uma nova pintura ou colocar telhas mais bonitas dificilmente farão com que a casa se torne mais segura. Nossa casa é o Brasil. É bem verdade que nosso país dificilmente ruirá. Contudo, carcomido pela endêmica corrupção na seara pública, nosso país é um prédio que se sustenta em pé com muita dificuldade. E se é difícil ficar em pé, se toda a sua energia é canalizada para a árdua tarefa de ficar de pé, sobra muito pouca energia para continuar andando pela estrada da história. Se nosso país não cai, ele também não evolui. Não avança. Não progride (sei que casa não anda, mas pensem em nosso país como um "motor home"). Isso fica patente quando nos recordamos do já mencionado fato de

nosso país ainda chafurdar em problemas bicentená-
rios, como não ser capaz de prover a metade de seus
cidadãos a dignidade de contar com uma rede de esgotos.

É triste testemunhar nossas crianças
brincando a beira de esgotos a céu aberto ou constatar que nossos rios, e até a Baía de Guanabara famosa no mundo inteiro, são, basicamente, esgotos a
céu aberto. Povoados por mais coliformes fecais do
que por peixe simplesmente porque nossas autoridades públicas parecem não se importar em construir
redes de esgoto e usinas de tratamento desse esgoto.

Conforme dito, para que possamos reformar da maneira adequada esse nosso lar que cha-
mamos Brasil, é preciso reforçar seus fundamentos,
seus alicerces. E os alicerces de qualquer país reside
no conjunto de leis que regem as relações entre seus
cidadãos. Materializa-se principalmente na sua Constituição. A nossa Constituição, apesar de estar em
constante reforma, necessita de uma reforma que
varra para fora de nosso caminho os gargalos legais
que facilitam tanto a vida dos corruptos e dificultam
na mesma medida sua punição.

O que se propõe aqui é reformar os dispositivos legais fundamentais que facilitam tanto aos agentes públicos, em especial os detentores de mandato eletivo, cometerem crimes. É possível que alguns desses dispositivos tenham sido colocados na Constituição e nas outras leis de boa-fé. Contudo, é patente que eles servem muito bem aos interesses de quem não tem nenhum interesse no bem-estar do nosso país. E sem corrigir esses problemas é muito provável que a Operação Lava-jato tenha aqui o mesmo fim que a Operação Mãos Limpas teve na Itália.

Nossa Constituição parece particularmente pródiga em brechas para a atuação de agentes públicos mal-intencionados. Basta ver nas sugestões de mudanças discutidas acima propostas para a Reforma da Administração Pública. Se apenas aquelas mudanças fossem implementadas já teríamos um avanço considerável no combate a corrupção que corrói o coração de nosso governo. Mas estas mudanças não seriam suficientes para erradicar de vez o câncer da corrupção. É indispensável que as reformas administrativas sejam acompanhadas de reformas que modernizem e blindem nosso sistema eleitoral contra a corrupção.

Não custa lembrar que de acordo com a farta documentação reunida pelas investigações da lava-jato e os contundentes testemunhos dos réus delatores, boa parte do que foi roubado dos cofres públicos foi parar nas contas de campanha de partidos e candidatos em diversas eleições passadas e foi supostamente usada para pagar gastos de campanha.

Não é preciso ser exatamente um gênio para entender que se um ou alguns partidos e candidatos usam dinheiro roubado para pagar caríssimos marqueteiros e estrategistas de campanha, esses elementos contam com uma larga e injusta vantagem na corrida eleitoral em comparação aos que entram nessa corrida sem contar com tais recursos. Ao usar dinheiro ilegítimo para financiar suas campanhas esses partidos e candidatos roubam, não só o dinheiro público, mas também a vontade real do eleitor. Quando se utiliza recursos públicos roubados para financiar campanhas, temos como resultado eleições fajutas onde a vontade do eleitorado foi manipulada, pervertida. O que se tem não é uma discussão real em torno de ideias e sim uma ridícula disputa para ver qual candidato tem mais dinheiro (em geral roubado do próprio eleitor) para gastar em propaganda. E o que é mais lamentável ainda, nem como propaganda nossas campanhas eleitorais servem de alguma coisa. Muitas vezes o que se vê nas campanhas são candidatos, ao invés de tentar mostrar que eles (candidatos) são a melhor escolha, tentando provar a todo custo que os outros é que são ainda piores do que eles como se isso fizesse alguma diferença ou fosse algo bom. Roubam meu dinheiro para gastar em peças de campanha e nem mesmo um pouco de diversão nas campanhas me oferecem em troca. Só me deixam mais deprimido.

Não se trata aqui de fazer vazios questionamentos acerca de nosso sistema de votação eletrônica. Temos, sim, um sistema de votação bastante seguro. Mas, de que adianta ter um sistema de votação seguro se a vontade do eleitor é manipulada e roubada antes que ele chegue à cabine? E o que é pior, o roubo de sua vontade é financiado pelo próprio eleitor. É como transportar embalagens com valores em um carro-forte, mas deixar que os valores sejam roubados antes que as embalagens sejam colocadas no carro. A votação no dia das eleições pode ser segura, mas a embalagem (candidato), quando entregue no seu destino, se mostra invariavelmente vazia.

A Eleição é a festa máxima da democracia e o melhor meio de se equacionar as diferentes expectativas, os diferentes anseios de cada cidadão que integra a sociedade. Naturalmente, mesmo em uma tribo de pouco mais de 30 indivíduos é difícil formar sempre consenso acerca do que deve ser feito em benefício de toda a comunidade, imagine então alcançar semelhante consenso em um país de mais de 200.000.000 de habitantes. Por isso as eleições são tão importantes. É através delas que a nossa sociedade escolhe os caminhos que a administração pública deve seguir em um período de tempo. E para que os eleitores façam suas escolhas da melhor maneira possível, é indispensável que os pretensos candidatos organizem suas campanhas em torno de planos e propostas para resolver os problemas que já existem e também para evitar os que ainda não existam, mas que possam vir a existir. Não é o que vemos nas campanhas eleitorais. O que vemos em geral é um triste espetáculo onde os candidatos não só não se posicionam a respeito de nada por medo de perder votos (por exemplo, alguns conseguem ser contra e a favor do aborto ao mesmo tempo, conservador e liberal, de esquerda e de direita) o que não é muito diferente de estelionato. Quando escolhe votar em um candidato em detrimento de outro o eleitor "compra" a proposta que o candidato lhe oferece. Na falta de uma proposta séria, é isso que geralmente acontece, o eleitor "compra" o candidato por achar que ele atuara perante a administração pública de acordo com o que parece ser seus princípios e sua inclinação ideológica. Votar em um candidato por se identificar com seu discurso liberal e descobrir depois que ele atua no parlamento, por exemplo, com um viés conservador, é ser realmente enganado.

Como não dá para aplicar a lei de defesa do consumidor em semelhante caso, resta-nos aperfeiçoar a própria lei eleitoral para garantir que o resultado das eleições reflita a real vontade de cada eleitor. Sem manipulação através de truques de marketing que às vezes beira a desonestidade, sem caixa dois para dar uma vantagem financeira injusta a um dos candidatos, sem fake News e sem que os candidatos se esforcem mais para provar durante a campanha, não que suas propostas são melhores, mas que o caráter do candidato adversário é pior do que o dele próprio. As mudanças aqui sugeridas começam com a reforma do art. 14 da CF.

Capítulo VI
Erva daninha - Matando a raiz da corrupção
Reformando o art. 14 da nossa Constituição.

Não é preciso mais do que uma rápida pesquisa em um dicionário para compreender o sentido da palavra Probidade:

*"**Probidade**. s.f. Característica ou particularidade do que é probo."*

Se fossemos escolher alguém para guardar a nossa casa, dificilmente daríamos preferência a uma pessoa que nos parecesse desprovida de *"retidão ou integridade de caráter; honestidade e honradez"*. Então, porque confiamos a guarda da nação, que é a nossa verdadeira "casa", a pessoas que, sequer, tentam parecer honestos. Durante a votação do impeachment da ex-presidente Dilma fiquei assombrado com a notícia que vi em um site. Nessa notícia, havia a informação de que, nada menos do que 60% dos deputados que votaram naquela sessão tinha algum tipo de problema com a justiça (http://agencia-brasil.ebc.com.br/politica/noticia/2016-04/cerca-de-60-dos-deputados-que-julgaram-dilma-tem-pendencias-na-justica). O próprio presidente da Câmara à época já estava enredado em processos e diversas investigações criminais.

Quando trata do provimento dos cargos de desembargadores e ministros dos tribunais superiores, como o STF, nossa constituição elenca como um dos requisitos para os futuros ocupantes "reputação ilibada". Consultando o significado de "ilibada" no dicionário encontramos o seguinte:

*"**Ilibado** é aquilo que não foi tocado, que é puro. O adjetivo **ilibado** vem do latim illibatus, que significa o que é limpo."*

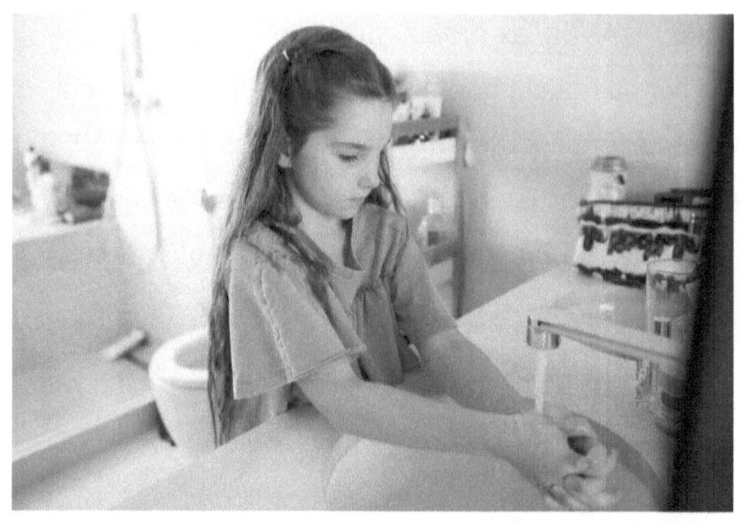

Faz todo sentido exigir que os ministros dos tribunais superiores e representantes do Poder Judiciário em geral tenham uma reputação inatacável, afinal, é este poder o responsável pela guarda da Constituição e das Leis. Contudo, o que não faz sentido é não estender a mesma exigência daqueles que postularem um cargo eletivo no Legislativo e mesmo no Executivo. Ora, se o Poder Judiciário é o "guardião das leis", é o Poder Legislativo o responsável por criar as leis. É a origem das leis. E o Executivo é o responsável por materializar o benefício proporcionado pelas leis na vida dos cidadãos. É o Executivo quem torna real aquilo que está em estado latente nas leis criadas pelo Legislativo. Portanto, penso que não é pedir demais que os postulantes a cargos no executivo e no legislativo também tenham "reputação ilibada" e "inatacável".

Obviamente seria desnecessário impedir que uma pessoa que já tenha respondido a processos criminais, independentemente de ter sido condenado ou inocentado, contanto que já tenha cumprido sua pena em caso de condenação, e não deva mais nada à justiça, pode se candidatar. O que não deveria acontecer é uma pessoa que, no momento da candidatura, ainda responda a processos criminais possa registrar sua candidatura. Alguém sobre o qual pesam suspeitas de crimes que vão de desvios de recursos públicos e até mesmo assassinato, como já aconteceu no passado. Faço aqui uma distinção entre inquérito e processo. Inquérito é mera investigação. Nessa fase existem suspeitas sobre a má conduta de alguém, mas não necessariamente, provas robustas o bastante que sustentem essa suspeita. Um processo tem uma diferença fundamental. Não é instaurado um processo baseado em mera suspeita. Para que exista o processo é preciso que haja uma denúncia sustentada por provas fortes o bastante para convencer o juiz de que aquela pessoa deve responder perante a justiça pelo crime de que é acusada. Se há um processo em curso, portanto, há sérias dúvidas sobre a conduta da pessoa. Sua reputação não é tão "ilibada" assim.

Nada impede que a pessoa se candidate a cargo eletivo depois que tiver respondido ao processo. Contanto que não esteja devendo alguma coisa ainda à Justiça, o que não podemos admitir é que uma pessoa contra a qual pesam graves suspeitas de ter cometido um crime, ou vários, muitos deles contra a própria Administração Pública, seja entronizado em uma posição que lhe permite manipular as leis e estar próximo demais dos cofres públicos. Tomando decisões sobre como gastar o dinheiro que arrecadado por meio de impostos.

Talvez alguém levante aqui a questão de que cargos de ministros do Poder Judiciário são vitalícios e os dos Poderes Executivos e Legislativo são temporários, são mandatos com prazo definido. Contudo, basta lembrar que José Sarney atuou na vida política por cerca de 60 anos. Muitos políticos ainda em atividade construíram carreiras que já duram 20 ou 30 anos. Isto demonstra que os cargos eletivos acabam se tornando, sim, vitalícios. Isto quando não se tornam hereditários. Vários filhos do sr Sarney são políticos e alguns exercem mandatos. Tudo isto sem falar no notório sr Paulo Maluf que aqui no Brasil ajudava a criar leis, mas se saísse daqui seria preso pela Interpol. Mesmo aqui respondia a inúmeros processos e finalmente foi preso pela condenação em um deles. Mas esta não é a única questão. Não importa tanto assim a extensão do mandato do agente público e sim a extensão do poder que ele poderá exercer nesse tempo. Ao Judiciário compete interpretar o sentido das leis. Pode até, eventualmente modificar sua interpretação de uma mesma lei, mas não pode criar uma lei que não existe. Este é um grande poder e uma grande responsabilidade do judiciário. Já ao Legislativo compete criar as leis ou modifica-las quando já existem. É inevitável nos perguntar se as intenções, ao criar ou modificar leis, de quem exerce um mandato no Legislativo são sempre limpas. Pelo que temos visto na investigação da operação lava jato sabemos que não. Nem sempre.

Uma das investigações em curso analisa se algumas autoridades eleitas receberam suborno para editar medidas provisórias que beneficiavam certas empresas. Outra investigação verifica se deputados exigiram ou aceitaram suborno para "contrabandear" para projetos de leis ou medidas provisórias emendas que beneficiavam empresas. Vemos assim que a manipulação das leis por autoridades desonestas é um perigo real. Esse perigo ameaça até a própria operação lava jato ao evocar aqui no Brasil o que aconteceu na operação mãos limpas na Itália. Lá, políticos inescrupulosos modificaram as leis para dificultar o combate a corrupção e frustrou a esperança dos italianos de se ver livres da corrupção.

A mudança proposta para o artigo 14 da CF garante que a mesma exigência feita aos ministros e desembargadores do judiciário seja feita aos postulantes a cargos eletivos. Não em função da duração dos seus mandatos, mas em função do tamanho do poder que conferimos a eles. É razoável esperar que não pese sobre os candidatos a cargos eletivos nenhum tipo de suspeita. O fato de alguém estar respondendo a processos criminais no momento do registro de candidatura já é indício mais do que suficiente de que pesam contra ele dúvidas acerca da sua retidão de caráter e sua reputação não é tão ilibada assim.

A mudança proposta ficaria assim:

Art. 3º EMENTA: Dá nova redação ao § 3º, do artigo 14 da Constituição Federal. Acrescenta o inciso III, acompanhado de uma alínea "a", e renumera os seguintes. Dá nova redação ao artigo 5º e inclui ao referido artigo os incisos I e II.

§ 1º o artigo 14, § 3º passa a vigorar com a seguinte redação:

Art. 14º

(...)

§ 3º São condições de elegibilidade, na forma da lei:

I - a nacionalidade brasileira;

II - o pleno exercício dos direitos políticos;

III – Reputação Ilibada

a) Lei disporá sobre os requisitos para comprovação desta condição, bem como de outros requisitos para registro de candidaturas.

IV - o alistamento eleitoral;

V - o domicílio eleitoral na circunscrição;

VI - a filiação partidária; Regulamento

VII - a idade mínima de:

a) trinta e cinco anos para Presidente e Vice-Presidente da República e Senador;

b) trinta anos para Governador e Vice-Governador de Estado e do Distrito Federal;

c) vinte e um anos para Deputado Federal, Deputado Estadual ou Distrital, Prefeito, Vice-Prefeito e juiz de paz;

d) dezoito anos para Vereador.

(...)

§ 5º Os ocupantes de cargos eletivos poderão se candidatar 01 (uma) vez à reeleição para o cargo que ocupam.

I – Ficam inelegíveis para o mesmo cargo até então ocupado, pelo prazo de 10 (dez) anos, aqueles que tiverem exercido mandato eletivo de qualquer natureza.

II – Os que forem enquadrados no inciso anterior poderão se candidatar a cargo eletivo diferente daquele que ocupavam durante o referido prazo de inelegibilidade.

(...)

A mudança aqui proposta garantiria a moralização do exercício do poder afastando do centro das decisões aquelas pessoas flagrantemente preocupadas mais com os seus interesses mesquinhos do que com o bem-estar da população em geral. Penso que, ao fecharmos a porta da vida pública aos desonestos e mal-intencionados em geral e, com isso, abriremos as mesmas portas aos que tem realmente "reputação ilibada" e interesse em agir em favor da coletividade e não só dos amigos e dos amigos dos amigos.

Não sei se cabe citar aqui um antigo ditado que diz: "O mal prospera quando os bons se omitem", mas eu penso que se os mal-intencionados ocupam a maior parte dos espaços que existem na administração pública, fica difícil encaixar alguém bem-intencionado nessa estrutura. Portanto, não é nem caso de omissão e sim de falta de oportunidade. E o que temos visto em nosso país é os maus prosperarem ocupando postos na administração pública por 20, 30 ou 60 anos seguidos, não deixando, assim, espaço para os bons. Ao fecharmos as portas eleitorais para essa gente, teremos mais chances de ver gente sinceramente comprometida com a "coisa pública" chegar a ocupar os postos chaves do governo.

Se podemos pedir "reputação ilibada" para um dos poderes do Estado, porque não podemos pedir o mesmo para os outros dois poderes? A própria Constituição diz que "os poderes da união são independentes e harmônicos entre si". Não dá, dessa forma, primazia, nem faz distinção entre eles. Um não é maior ou mais importante do que o outro. Se é preciso ter uma reputação **limpa** para servir a um dos poderes, porque não é preciso isso para servir aos outros dois?

O fundamento, a raiz, de nossa legislação eleitoral é o artigo 14 de nossa Constituição. Se pretendemos fazer uma mudança realmente significativa no nosso ambiente político/eleitoral, temos, necessariamente que reformar este artigo. Ao inserir nesse artigo a exigência de que os candidatos apresentem certidões de que não respondem a processos criminais conseguiremos afastar da vida pública aquelas pessoas pouco comprometidas com o interesse legítimo da sociedade.

Já a alteração proposta para o disposto no § 5º do mesmo artigo tem como objetivo limitar a possibilidade de reeleição a cargos eletivos sem impedir completamente essa possibilidade. De uma forma inédita, pretende-se evitar que determinadas pessoas ou grupos de pessoas eternizem-se num determinado cargo eletivo (vereadores, deputados e senadores, p.ex.) e assim dificultem a necessária renovação dos quadros políticos que refrigera e fortalece a democracia. É de se notar que a proposta veda a reeleição indefinida para o mesmo cargo, mas não impede que uma mesma pessoa se candidate a um cargo diferente. Desse modo, não há embaraço para aquelas pessoas que sentem em si a verdadeira vocação para a vida política e que pretendam construir uma "carreira" política.

Desde a sua invenção na Grécia da Antiguidade a democracia sempre precisou de líderes inspiradores para que continuasse o seu funcionamento. Apesar de ser um tipo de governo que pressupõe a realização de decisões colegiadas, fato é que mesmo durante sua invenção na Grécia, sempre surgiram pessoas que por suas qualidades (ou defeitos) pessoais exerceram precedência sobre os seus contemporâneos, às vezes positivamente, às vezes negativamente. Drácon, Sólon, Pisístrato, Clístenes e Péricles são alguns dos nomes de líderes daquela pioneira experiência democrática grega. É bem verdade que a democracia ateniense era bem menos democrática do que gostaríamos que ela fosse uma vez que as exigências legais para participar das eleições mais excluíam do que incluíam os moradores da cidade. E uma vez ou outra essa democracia acabava desembocando em uma tirania.

A Revolução Americana levou a então colônia britânica a conquistar sua independência. Os fundadores da nação americana inspiraram-se no modelo grego de democracia, mas o aperfeiçoaram promovendo uma maior inclusão dos cidadãos nas decisões político/administrativas. Mas devido, em especial a esse caráter ampliado do conjunto de atores habilitados a tomar as decisões democráticas que se tornou indispensável uma adaptação no modelo de decisões. Em vez de a moderna democracia ser "direta" como era antigamente, passou a ser "representativa" ao invés de decidir diretamente, os cidadãos passaram a escolher "representantes" perante a administração pública. Cabe aos representantes dos cidadãos tomar decisões que tem impacto sobre a vida de toda a coletividade. Estes representantes recebem um "mandato", algo como uma procuração para administrar a "coisa pública" – "res-publica" – como chamavam-na os romanos.

Mas mesmo nos tempos mais recentes o surgimento de "líderes" carismáticos acaba por limitar, de certa forma, a necessária renovação dos quadros políticos até mesmo em democracias mais maduras como a americana. Para sorte dos americanos, graças mesmo ao amadurecimento de seu ambiente político, as instituições públicas acabam por conter eventuais tentações autoritárias. É um consenso que o ocupante da cadeira de presidente dos Estados Unidos é o "homem mais poderoso" do planeta. Contudo, desde que tomou posse, o atual ocupante do posto (Donald Trump) colheu amargas derrotas na Justiça de seu país ao tomar decisões polêmicas. Tem aprendido assim que, embora ele "tudo possa", nem tudo convém às instituições americanas. Esse é o espírito da verdadeira democracia. Mas para que esse espírito fique completo e realmente funcione, é indispensável que ele receba o oxigênio da "alternância de poder". Até 1946 a reeleição para presidente era permitida indefinidamente. Franklin D Roosevelt elegeu-se presidente 4 vezes seguidas. É verdade que a sua permanência à frente do poder executivo americano foi necessária por causa dos dois momentos mais delicados porque passou a sociedade americana: a Grande Depressão dos anos 30 e a 2ª Guerra Mundial. Mesmo assim, até para evitar tentações autoritárias futuras, os legisladores americanos limitaram a possibilidade de reeleição a 1 vez.

E até como parte da liturgia do cargo que ocuparam, os ex-presidentes americanos aposentam-se da carreira política não se candidatando mais a nenhum outro cargo eletivo. Mesmo quando mantém uma atuação pública e partidária, não se envolvem mais em disputas eleitorais. É uma forma de honrar a cadeira de presidente da nação e é também uma forma eficiente de permitir que outros líderes surjam e comandem a nação. Oxigena-se, assim, a própria democracia.

Uma árvore crescida tende a sufocar as plantas que eventualmente nasçam sob sua sombra. Mesmo outras árvores mais jovens não conseguem competir pela luz do sol e morrem. Alguém que já ocupou ou ocupa um cargo eletivo leva uma vantagem, por que não dizer, injusta ou competir com alguém que não ocupou ou não ocupa um posto na administração pública. Esse fato acaba por dar uma margem à formação de uma espécie de oligarquia ou aristocracia na atividade política. Quem já está em algum cargo político tende a ficar neste cargo praticamente a sua vida toda. E para quem não está é difícil entrar. Muitas vezes, só se consegue entrar fazendo alianças (nem sempre "republicanas") com quem já está dentro da máquina pública e fazendo uso das suas benesses. Isto equivale a tornar privado (privatizar do pior jeito possível) o que deveria ser eminentemente público.

Um político que já detém um cargo eletivo na máquina pública é como a árvore mencionada acima. Dependendo do seu porte e do quão frondosos são seus galhos, torna difícil até para a mais humilde grama crescer sob a sua sombra. Isso pode até parecer que é uma boa coisa, mas, tal qual acontece às vezes na natureza, acaba sufocando a própria democracia. Só é bom para o próprio político, mas não para a Política. Assim como não ter que competir por espaço e nutrientes pode ser bom para a árvore frondosa, mas não é bom para a variedade de espécies que deveria acabar por fortalecer o ecossistema ao redor.

Pois bem, a democracia está para a política como esse ecossistema está para a natureza. É um sistema vital e que depende da variedade para sobreviver. Quando essa variedade diminui ou acaba, acaba-se também a política e a possibilidade de se resolver as disputas ou divergências de interesses, inevitáveis em qualquer sociedade, de forma pacífica, através de negociações ao invés da imposição da vontade de um indivíduo ou grupo de indivíduos e que caracteriza a tirania ou ditadura.

Ora, nosso país tem cerca de 208 milhões de habitantes atualmente. É inconcebível a ideia de que no meio de um mar de gente desses, somente um pequeno grupo de iluminados conseguem conduzir as negociações políticas. Somente essa hipótese (a dos "iluminados") explicaria porque apenas um grupo formado pelas mesmas caras de sempre se apresentam como candidatos. Existem políticos "profissionais" que emplacam 2, 3, 4, 5 ou até mais mandatos de vereador, deputado ou senador.

A política não é e não deve ser tratada nunca como uma mera profissão. O mandato eletivo é uma missão que os eleitores delegam a alguém que se apresenta voluntariamente como um possível mensageiro responsável por executar essa missão. Nesse sentido, importa menos quem porta a mensagem do que a mensagem em si mesma. Não faz sentido, portanto, permitir que a mesma pessoa se eternize nesse posto como mensageiro dos eleitores por 10 mandatos seguidos. Tampouco faz sentido a adoção de aposentadorias especiais para detentores de mandatos eletivos.

A permanência das mesmas pessoas nesses cargos, às vezes por 30, 40 ou até 60 anos acaba por inibir o surgimento de novas gerações de líderes políticos, deixa de oxigenar a democracia atraindo para si sangue novo e ideias mais antenadas com os novos tempos. Não acho que seja mera impressão minha que nossas autoridades públicas pareçam o tempo todo correr atrás da sociedade ao invés de liderar sua corrida. A sociedade brasileira avançou em muitos aspectos, e de forma notável nos últimos 60 ou 70 anos, mais por méritos próprios do que por iniciativa de nossas lideranças políticas. A verdade é que temos progredido apesar de nossos políticos do que por inspiração e liderança deles. Não deveria ser assim.

Impedir que os mesmos indivíduos se eternizem nos mesmos cargos eletivos por décadas trará muitos aspectos positivos. Dentre estes está a constante renovação dos quadros políticos sem, necessariamente abrir mão da experiência que os anos de atuação política traz a quem deseja dedicar sua vida à política. O que se pede com a presente proposta de alteração da nossa Constituição é que essas pessoas não fiquem o tempo todo parados no mesmo lugar (cargo eletivo) como uma árvore cheia de ramos e folhas. Assim, quem sabe, a semente de novos líderes e de novas ideias ganhem uma chance de aproveitar a luz do Sol e florescer.

Bom. Não sou ingênuo a ponto de achar que, de modo algum, é exatamente isso que nossos atuais líderes políticos desejam evitar: que novos atores entrem no palco da política e roubem os seus papéis. Daí a necessidade de se candidatar seguidas vezes ao mesmo cargo seja ele qual for. É natural que seja assim. É da natureza humana colocar os interesses próprios bem acima dos interesses da sociedade em que se vive e se não fosse assim, quem se preocuparia com os meus interesses? É por isto que a presente proposta (e sua respectiva justificativa) é dirigida a toda a sociedade brasileira que é, em última instância, verdadeira dona dos postos eletivos na administração pública.

Talvez seja hora de nossa sociedade perceber que é um bom negócio cada um se preocupar com os próprios assuntos, mas que é muito melhor nos ocuparmos dos interesses da sociedade como um todo. Quando eu trabalho para melhorar a minha própria vida, eu sei que posso contar com os esforços de apenas uma pessoa: eu mesmo. Mas se eu trabalho pelos interesses da sociedade como um todo e cada indivíduo age da mesma maneira, cada um desses indivíduos estará sendo impulsionados na vida pelos esforços de milhões de indivíduos. Esse espírito de coletividade é o que acaba impulsionando o progresso de países que, mesmo não contando com tantas bênçãos da natureza como recebeu o nosso país, estão em uma situação social bem superior à nossa. Dentre estes países é notável o caso do Japão. Mesmo não tendo quase nenhuma matéria prima para ser extraída do solo de sua ilha de tamanho acanhado, tem uma economia maior que a nossa e uma sociedade mais avançada cujos cidadãos não precisam mais conviver com mazelas herdadas do séc. XIX como a falta de esgoto sanitário para 50 % da população. Mais assombroso ainda é constatar que esse país foi destroçado em uma guerra há 70 anos e se reergueu. Outro exemplo a ser mencionado é o da própria Alemanha que foi quase que completamente aniquilada há 70 anos e hoje é a maior economia da Europa. Supera até a economia dos países que a derrotaram como a Inglaterra e a França.

O que nossos cidadãos talvez precisem aprender é justamente o valor de nos tratarmos se não como irmãos, que seja, pelo menos, como aliados e não mais como inimigos.

Capítulo VII

A reforma do art. 14 da nossa Constituição e seu reflexo na Lei nº 9504/97.

Para que tenhamos um país mais justo é imprescindível que tenhamos eleições mais justas. E para que as eleições sejam justas, é necessário que haja igualdade de condições entre os candidatos. Não é o que temos visto em nosso país. E isso fica evidente com os desdobramentos da operação lava-jato. O que vemos são muitos partidos políticos, sobretudo, os "grandes partidos" se beneficiando de uma estrutura corrupta para arrecadar recursos ilícitos para financiar suas campanhas. Além de servir de verdadeiras "lavanderias" para recursos públicos desviados para bolsos privados. Os casos são tantos e o espectro de partidos que se utilizam dessa prática é tão variado que fica difícil não começar a acreditar que são todos "farinha do mesmo saco". Certamente, não é este o caso. Contudo, penso que a situação chegou a um nível tal que se tornou impossível prosseguir sem que algum tipo de mudança seja feita.

A evolução da política em nosso país passa, necessariamente, pela modificação das leis que regem os pleitos eleitorais. Ao elegermos determinada pessoa para ocupar um cargo eletivo conferimos a essa pessoa poder para tomar decisões que terão impacto em nossas vidas. E, geralmente, não é pequeno esse impacto. Portanto, nada mais sensato do que desejar que as pessoas que se apresentem como postulantes a cargos de tamanho poder e responsabilidade tenham um currículo impecável e, de preferência, uma ficha corrida imaculada. Exigir, portanto, que os candidatos apresentem certidões de que não respondem a processos criminais, no momento da candidatura não é nenhum exagero. Querer que alguém que, no exercício do mandato, terá poder de tomar decisões que terão impacto decisivo, para o bem ou para o mal, em minha vida, tenha uma "reputação ilibada" é o mínimo que podemos pedir.

Considero o exercício do mandato eletivo como uma missão de grande responsabilidade. Não é algo banal. Envolve o exercício de Poder que, na origem, pertence ao Povo. Ao ser eleito, determinado candidato recebe do povo um "Mandato" i.e.: *"concessão de poderes para desempenho de uma representação; delegação "*. Dessa forma, penso que o exercício da política não é mera profissão e sim uma "missão". Existe, é claro, a figura do "político profissional". O que não deveria existir é a "profissão de político". Isto ocorre porque, quando você encara o mandato eletivo como um simples cargo de uma profissão qualquer, acaba tendo em mente que deve se preocupar mais com a sua "carreira" do que com os assuntos que deveriam ser tratados em nome de quem te elegeu. Garantir que os eleitos terão este nível de desprendimento é algo impossível. Não se pode desconsiderar o "fator humano". Ignorar que no caldo de processos mentais que formam a personalidade de uma pessoa não dá para separar os nobres e altruístas sentimentos dos interesses pessoais mais mesquinhos. Contudo, é possível sim termos uma certa margem de segurança no momento de fazermos a escolha das pessoas que nos representarão perante o Estado. Fazemos isto exigindo que os postulantes a cargos eletivos demonstrem que, no momento da candidatura não respondem a processos criminais.

É claro que um processo criminal ainda em julgamento não é uma condenação e toda pessoa é inocente até que se prove o contrário. Contudo, não é isto que está em discussão aqui. Não compete a ninguém além da justiça criminal determinar se alguém é culpado ou não. nem mesmo a Justiça Eleitoral pode definir que alguém é culpado ou inocente em processos que não são da sua alçada. Mas, como dito, o que estamos discutindo aqui é se, contra um pretenso candidato a cargo eletivo, pesa alguma suspeita que afaste dela o conceito de "reputação ilibada". Negar a um indivíduo que figure como réu em um processo a possibilidade de se candidatara a cargo eletivo nada tem a ver com o conceito de culpa ou inocência, fatores que só as autoridades judiciais têm a prerrogativa de decidir. Tem a ver, isto sim, com a reputação da pessoa. Se pesam contra tal pessoa acusações de que teria praticado algum tipo de crime, sua reputação não é tão inatacável assim. E se existe um processo, é porque existem indícios fortes o suficiente para convencer um juiz de que aquela pessoa pode vir a ser considerada culpada. Para que exista o processo é preciso que exista uma denúncia fundamentada em provas e indícios fortes o bastante para que o juiz aceite a denúncia. Logo, considerar essa pessoa temporariamente inapta para o exercício de um cargo eletivo não é algo tão descabido assim. Penso que primeiro essa pessoa deve resolver sua pendência com a justiça. Uma vez terminado o processo (ou processos), a pessoa pode voltar a ser considerada apta a pleitear um cargo eletivo.

Pelo exposto acima, podemos notar que uma mudança na legislação eleitoral envolvendo a Constituição e a lei 9504/97 terá o poder de modificar para melhor o ambiente político-eleitoral no país. O que está sendo proposto aqui é uma mudança no art. 14 da Constituição com reflexos imediatos no art. 11 da Lei 9504/97 contemplando o conceito de "reputação ilibada" que já é exigido dos ocupantes de postos nos tribunais superiores na justiça. Aliás, até mesmo alguns editais de concursos públicos exigem dos candidatos certidões de que não respondem a processos no momento da posse no cargo público. Não faz sentido exigir tal coisa de alguém que ocupará um cargo de média ou baixa complexidade sem nível de poder de decisão e não exigir de alguém que pleiteia um cargo eletivo cuja essência é o manejo de um nível elevado de poder de decisão.

Naturalmente, julgar a idoneidade de uma pessoa de forma objetiva é algo impossível de se conseguir. As variáveis que definem a personalidade de uma pessoa e, consequentemente, os resultados de sua atuação no mundo real, são tantas que não dá para ninguém dizer, só olhando se alguém, é honesto ou desonesto. Contudo, é razoável acreditar que alguém que, em um dado momento de sua vida, está sendo processado perante a justiça criminal está com a sua integridade, a sua idoneidade em xeque. Pode ser que ela seja culpada. Pode ser que seja inocente. Não cabe, certamente, aos eleitores ou à Justiça Eleitoral julgar isto. E é exatamente o ponto que tento discutir aqui e em texto anterior. Não cabe a mim julgar se um pretenso candidato é culpado ou inocente. Se me perguntarem algo dessa natureza só poderei responder: "Eu não sei!". Dizer mais do que isso seria leviandade. Não sei se tal pessoa cometeu o crime de que a acusam. Mas também não sei se ela não cometeu. Paira, portanto, sobre a sua reputação, dúvidas, muitas dúvidas. Não é razoável que tal pessoa se apresente, neste estado, como postulante a um posto no qual poderá manejar uma parcela do imenso poder que pertence ao povo. A única maneira relativamente segura de aferir a idoneidade de alguém é checar se, em determinado momento, essa pessoa responde a processo criminal. Não se trata de saber se a pessoa é culpada ou inocente. Trata-se, isto sim, de verificar se, contra ela pesam dúvidas acerca de seu comportamento, de sua conduta ética. Não se trata de julgar a pessoa e sim de avaliar a sua reputação em determinado momento.

Em outro texto eu discuti uma alteração no art. 14 da Constituição que passaria a exigir "reputação ilibada" dos pretendentes a cargos eletivos. Em complemento a essa mudança constitucional comento agora uma mudança no art. 11 da Lei nº 9504/97 para harmonizá-la com a mudança constitucional. Ficaria assim:

Art. 11. Os partidos e coligações solicitarão à Justiça Eleitoral o registro de seus candidatos até as dezenove horas do dia 15 de agosto do ano em que se realizarem as eleições.

(...)

VII – para fins de cumprimento do art. 14, § 3º, inc. II da CF, certidões, fornecidas pelos órgãos de distribuição da Justiça Eleitoral, Federal e Estadual, de que o candidato não responde, no momento do registro, a processos criminais; (...)

Essa alteração visa, como dito, adequar essa parte da lei ao que já estiver alterado no art. 14 da Constituição. O objetivo é especificar de que forma os candidatos devem agir para demonstrar que sua reputação naquele momento é inatacável. Na verdade, a exigência de que os candidatos apresentem tais certidões no registro de candidaturas já existe. Não é uma inovação, portanto. O que mudamos aqui é a interpretação que se dá a tais certidões. Atualmente, o fato de uma pessoa possuir registro de processos, mesmo que criminais, em seu nome não a impede de se registrar como candidata a cargo eletivo. Logo, tais certidões têm caráter meramente informativo. Servem para informar o juiz eleitoral de que o candidato possui processos em seu nome. Com a mudança proposta, passa-se a contar tais certidões como fator determinante para o deferimento ou não do registro de candidatura. Caso o pretenso candidato possua registro positivo para processos criminais, o juiz eleitoral indeferirá o registro de candidatura. Penso que nada poderia ser mais simples. Se a sua reputação não é limpa o suficiente para convencer um juiz de direito a não aceitar uma denúncia contra você e assim abrir um processo criminal, então você não está, neste momento, apto para se apresentar como candidato.

Entre as muitas bobagens que já ouvi na vida uma que doeu muito em meus ouvidos dizia algo, mais ou menos, assim: "cada povo tem o governo que merece". Será que nós brasileiros merecemos realmente o governo inepto e corrupto que temos? Será que essas pessoas desonestas que usam o poder para se locupletar merecem realmente estar onde estão? Será que a Administração Pública brasileira reflete realmente a disposição de espírito de todo o povo brasileiro? Seremos todos nós corruptos e incompetentes? Recuso-me a acreditar nessa possibilidade.

É bem verdade que a crença em outra grande bobagem que é a glamourização a "romantização" da malandragem, do "jeitinho brasileiro" nos levou, por muito tempo a sermos tolerantes com os desvios de conduta. Também uma certa predisposição para o determinismo, para considerar como natural aquilo que é absurdo nos tornou reféns de atitudes antiéticas. Considerávamos natural, pitoresco até, o fato de que políticos eleitos roubam. Havia até a figura (outra grande bobagem) do político que "rouba, mas faz", como se isso fosse realmente natural, um destino inevitável. Os desdobramentos da operação lavajato têm demonstrado que não é assim. O repúdio da opinião pública aos atos cometidos pelas autoridades eleitas demonstra que temos sim a capacidade de nos escandalizar com os desvios éticos. Penso que isto demonstra que essa administração corrupta não representa a disposição de espírito do povo brasileiro.

Se é assim, como, então, continuamos a eleger as mesmas pessoas enroladas com a justiça para postos de tão nobre posição? Simples, este é um defeito do nosso confuso sistema eleitoral. Curiosamente, a maioria dos concursos públicos exigem do candidato certidões que comprovem que o mesmo não respondeu a processos criminais nos últimos 5 anos (isso mesmo, 5 anos). Contudo, a lei eleitoral não tem o mesmo zelo na hora de selecionar candidatos a cargos eletivos. Quer dizer, se eu quiser servir ao Estado como faxineiro, eu preciso ter uma reputação imaculada, mas se eu quiser ser presidente da república ou deputado, tudo bem se eu estiver sendo processado por desvio de recursos públicos ou até assassinato. Não é o eleitor que é tolerante com maus candidatos e sim a legislação eleitoral. Se mudarmos a lei para que seja intolerante com desvios de conduta. Mudaremos a face do próprio governo e assim teremos um governo que realmente merecemos. Que impacto pode ter as ações de um faxineiro ou de um assistente administrativo no exercício do seu cargo sobre a vida dos cidadãos do país? Se existir, esse impacto será pequeno. Contudo, se o presidente da república espirrar as bolsas de valores caem. Se um deputado desonesto contrabandeia emendas a projetos de lei que beneficiem certas pessoas ou empresas, o prejuízo advindo dessa manobra vai parar no bolso de todos os contribuintes. Portanto, o nível de responsabilidade e de poder de quem exerce cargos eletivos é muito grande. A exigência de conduta irrepreensível e reputação ilibada dos postulantes a cargo eletivo não é algo descabido.

É bem verdade que ninguém obriga o eleitor a votar num determinado candidato. Afinal, o voto é secreto para isso mesmo. As razões que levam um eleitor a escolher um candidato em detrimento de outro são tão subjetivas que nem os melhores psicólogos, estatísticos ou especialistas em eleições em geral conseguiriam "chutar" uma explicação adequada. Penso que entre essas várias razões está a conduta ética do candidato. Contudo, essas razões têm, cada uma, o seu peso. O peso da percepção acerca da conduta ética do candidato varia conforme a percepção que as pessoas têm de quão danosa a corrupção pode ser danosa para a sociedade. Graças à operação lava-jato, entre outras, essa percepção tem aumentado significativamente. Pode ser que em um futuro não muito distante o próprio sistema eleitoral depure a administração pública a ponto dos próprios eleitores repudiarem os maus candidatos. Mas eu não acho que podemos nos dar ao luxo de esperar por essa mudança. Ao alterar a legislação agora poderemos colher os bons frutos disto mais cedo. E até que essa mudança seja implementada, sempre corremos o risco de que o poder econômico continue a interferir no processo eleitoral. Existem muitas formas de se cooptar a vontade do eleitor algumas dentro da lei como o abuso de técnicas de marketing e outras ilegais como a oferta de vantagens pessoais. A famosa "compra de votos". É disso que trataremos no texto a seguir.

Capítulo VIII
A vontade do eleitor não tem preço

A reforma do art. 41-A da Lei nº 9504/97.

Creio que foi Aristóteles quem definiu o homem como um "animal social". Adaptando essa definição a um contexto que, talvez, não coincida com aquele em que foi concebida, ainda assim extraímos uma irrefutável verdade. O homem não é um ser completo se viver completamente apartado da sociedade. Para que eu saiba quem eu sou, é preciso que eu saiba quem é o outro. Onde o meu eu termina e onde começa o resto do mundo. Freud também nos mostrou que, uma das primeiras descobertas que fazemos na vida diz respeito ao momento em que notamos que, para além do nosso "eu" existe um mundo muito maior e existem outras pessoas nele. Mesmo quando alguém decide viver solitário em uma cabana no meio do nada, ainda assim, faz parte de um todo. Mesmo aqueles que desprezam a sociedade continuam a fazer parte dela. Se definem como pessoa contrapondo a si mesmos aos "outros" numa simplória dicotomia, tão popular em nossos dias, baseada no conceito do "nós" e "eles".

Eu faço parte da sociedade. Mesmo quando não quero fazê-lo. As minhas escolhas e atos têm reflexo na vida das outras pessoas, ainda que elas sejam pautadas pela satisfação de meus interesses particulares mais mesquinhos. Isto é particularmente verdade quando faço escolhas políticas. Quando, numa eleição, escolho votar em um determinado candidato movido apenas pelos meus interesses pessoais, isto terá reflexo na vida de todas as outras pessoas. Portanto, escolher um candidato não é algo banal. Quando voto em alguém, não faço a escolha somente por mim nem atribuo a esse candidato um poder que pertence somente a mim. É meu esse poder, pois, também faço parte do Povo. Mas não é somente meu. Logo, se decido "vender" o meu voto, estou entregando, em troca de vantagem pessoal, algo que não pertence totalmente a mim. Estou roubando meus concidadãos. E isso não é apenas contra a lei. Não é nada "legal" também de se fazer. Aceitar vantagens pessoais oferecidas por um candidato desonesto não é algo apenas burro de se fazer. É criminoso também. Porque é uma violência contra toda a sociedade. Oferecer o próprio voto a candidatos pedindo vantagens indevidas também é algo criminoso de se fazer.

A lei eleitoral atual já criminaliza a prática da "compra de votos" e o pune, ainda que, na minha opinião, de forma branda. O candidato que compra votos tem seu registro de candidatura cassado, seus direitos políticos suspensos e paga uma multa (Lei nº 9504/97, art. 41-A). Essa mesma lei, contudo, nada fala sobre o "outro lado do balcão". Para que haja uma negociação, mesmo que ilícita, é preciso que haja um "comprador" e também um "vendedor". Entretanto, a lei pune o comprador mas poupa o vendedor. Não sei se há uma explicação lógica para essa situação. "Chuto" aqui uma tese que, talvez explique porque o legislador decidiu poupar a contraparte no processo de compra/venda de votos: antigamente era elevado o número de pessoas com baixo nível educacional (aliás, não "tão" antigamente assim). Esse fenômeno pode ter levado nosso legislador a pensar que, se uma pessoa decide vender o seu voto é porque é uma pessoa "rústica", ignorante e com pouca ou nenhuma escolaridade. Logo, é mais vítima do crime do que seu coautor. Isto, se for mesmo esse o caso, é uma generalização. E como toda generalização, perigosa. Não é bem assim. Nem todas as pessoas que vendem o seu voto são ignorantes ou analfabetas. E, mesmo que fosse esse o caso creio que não é a melhor saída fazer com que a lei trate todos como mentalmente incapazes de entender a gravidade do seu ato.

Conheço casos de pessoas que desfrutam de bom nível educacional e, mesmo assim, declaram vender o seu voto. Se elas vendem mesmo ou apenas proferem bravatas não sei dizer. E mesmo que uma pessoa possua baixo nível educacional, isto não a torna incapaz de decidir, nem a torna inimputável. Não é algo que a lei consiga decidir. Creio que em casos assim, seria mais sensato deixar que o magistrado analise caso a caso e possa aferir, mediante interrogatório, se uma pessoa que vendeu o seu voto é realmente incapaz de compreender a gravidade do seu ato. Como disse anteriormente, se vendo o meu voto, estou vendendo uma mercadoria que não pertence a mim. Não somente a mim. E, para além do crime eleitoral em si, há outros crimes como roubo, estelionato, apropriação indébita, e outros. Estou roubando a sociedade. Meu voto não pertence somente a mim. Ele é uma parcela do poder que pertence ao Povo.

Na verdade, acho que com essa abordagem, abriríamos uma oportunidade de ajudar as pessoas que se envolvessem nessas transações escusas. Se praticou o crime de vender o voto por ter baixa escolaridade, parte da pena poderia ser transformada em obrigação de participar de programas de aceleração de estudos (educação de jovens e adultos - supletivo) e a obrigação de ler, assim que puder, vários livros. Se a pessoa já tem bom nível escolar, poderia ser obrigada a participar de palestras e grupos de estudo e doutrinação política, não só como ouvinte, mas como palestrante também (favor não confundir aqui "doutrinação política" com "doutrinação ideológica", seja de esquerda, seja de direita, de centro, de cima ou de baixo). A política é muito maior do que qualquer ideologia, aliás, abarca todas as ideologias. Além da obrigação de ler vários livros.

A mudança que estou propondo para combater a prática de compra/venda de votos incidiria sobre o art. 41-A e tenderia a agravar a pena de quem negocia o voto, além de prever punição para quem vende o voto ou quem, em nome do candidato, tenta comprar a vontade do eleitor. Ficaria mais ou menos assim:

Art. 41-A. Ressalvado o disposto no art. 26 e seus incisos, constitui captação de sufrágio, vedada por esta Lei, o candidato doar, oferecer, prometer, ou entregar, ao eleitor, com o fim de obter-lhe o voto, bem ou vantagem pessoal de qualquer natureza, inclusive emprego ou função pública, desde o registro da candidatura até o dia da eleição, inclusive, sob pena de:

(...)

III - pena de prisão

IV - suspensão dos direitos políticos.

* *1 - incorre nas mesmas penas previstas nos incisos I, III e IV o eleitor que tiver vendido seu*

voto e, também a pessoa que, agindo em nome do candidato, ofereça vantagens de qualquer natureza, na forma descrita no caput deste artigo, em troca do seu voto.

I – a pena prevista no inciso III será:

1. *de 6 meses a 2 anos para o candidato ou para a pessoa que, agindo em seu nome, capte ilicitamente votos.*

2. *de 30 a 180 dias para o eleitor*

II – a pena prevista no inciso iv será, para o eleitor, de 2 anos.

III – em caso de reincidência, as penas previstas neste artigo serão acrescidas em dois terços.

Art. 3º o § 1º do art. 41-A passa a vigorar com a seguinte redação:

- *1º Para a caracterização da conduta ilícita, é desnecessário o pedido explícito de votos ou de vantagens em troca do próprio voto, bastando a evidência do dolo, consistente no especial fim de agir*

(...)

A ideia é reforçar o conceito de que comprar ou vender o voto é um crime grave e também aumentar a pena de quem pratica esse ato. Prevê-se pena de prisão tanto para quem compra quanto para quem vende o voto. Espera-se, assim, incutir na mente das pessoas a ideia de que é grave o crime que cometem. Porque, ao negociar o voto, prejudicam toda a sociedade. É um assalto contra todos os cidadãos. Compram e vendem algo que não lhes pertence. E, mesmo se pertencesse, trata-se de algo cujo valor seria difícil de ser estimado.

Espera-se que essa mudança não seja ensejo para um festival de prisões. O que se espera, na verdade, é que a lei surta um efeito "didático" sobre a mente das pessoas. Mais preventivo do que punitivo. Sabendo que o seu ato pode ensejar uma punição tão grave quanto a prisão, espero que as pessoas pensem duas vezes antes de mercadejar o voto. A pena de suspensão de direitos políticos visa retirar da cena política aquelas pessoas que não sabem dar ao voto o seu devido valor. Não podendo exercer o direito de votar, a pessoa será privada de sua "mercadoria". Não poderá vendê-la, nem caro, nem barato. Já a mudança no § 1º visa deixar claro que também vender o voto é crime.

Capítulo IX

Resgatando as comissões parlamentares de inquérito.

Causa perplexidade o número de acusações feitas por delatores da lava-jato contra parlamentares que teriam pedido a empresários subornos milionários para que esses empresários não fossem convocados a depor em CPIs. Essa suposta prática parece não conhecer ideologia ou cores partidárias. Parlamentares do PMDB, do PT, do PSDB e muitos outros foram citados como autores de pedidos de "doações" em troca da retirada de requerimentos para a convocação de empresários para depor em CPIs. Parece que as CPIs que outrora prestaram serviços relevantes à sociedade como a CPI dos Correios e a CPI do PC Farias agora prestam bons serviços apenas a maus parlamentares que fazem delas um verdadeiro "balcão de negócios", muito rentável por sinal.

As Comissões Parlamentares de Inquérito sempre tiveram o nobre papel de trazer à luz fatos que diversas pessoas pouco honestas no trato com a "coisa pública" preferiam manter nas trevas da impunidade. Porém, nos últimos anos, temos visto um verdadeiro desmonte da credibilidade das CPIs. É verdade que há décadas as CPIs são criticadas por sua tendência de "terminar em pizza", mas não podemos esquecer as muitas contribuições que CPIs do passado fizeram para o país, entre elas, a <u>CPI do PC Farias</u>, <u>a CPI dos "7 anões do orçamento"</u> e a <u>CPI dos Correios</u>. Penso que as CPIs são instrumentos Constitucionais ainda muito úteis. Podem ser bem utilizadas para evitar que crimes contra a Administração Pública sejam cometidos de forma continuada. Para isso, elas precisam ser aprimoradas agora bem utilizadas no futuro.

Naturalmente, a solução para esse estado de coisas não é acabar com as CPIs que continuam a ser um valioso instrumento. O que precisamos é modificar a dinâmica de seu funcionamento. Quando uma ferramenta útil apresenta problemas, não precisamos, necessariamente, jogá-la fora. Um conserto pode resolver o problema e ela continuar útil por muito tempo. Sugiro "consertarmos" a CPI. Creio que a melhor forma de fazer isso é mudar o enfoque das futuras CPIs para que elas voltem a ser um instrumento útil à sociedade e deixem de ser um bom negócio para maus políticos. A melhor forma de fazer tal coisa é alterar o <u>artigo 58 da Constituição</u> que trata justamente do funcionamento das Comissões Parlamentares de Inquérito. Ficaria assim:

Art. 1º o artigo 58º, passa a vigorar com a seguinte redação:

Art. 58. O Congresso Nacional e suas Casas terão comissões permanentes e temporárias, constituídas na forma e com as atribuições previstas no respectivo regimento ou no ato de que resultar sua criação.

(...)

- 3º As comissões parlamentares de inquérito,
terão poderes de investigação próprios das autoridades
judiciais, quando atuar na investigação de fatos ainda não investigados pelas autoridades policiais ou pelo Ministério Público. Quando se tratar de fato já é investigação antes de sua instauração, a apanhar as investigações podendo requisitar cópias de documentos provas e depoimentos já prestados pelos réus, além de outros previstos nos regimentos das respectivas Casas, serão criadas pela Câmara dos Deputados e pelo Senado Federal, em conjunto ou separadamente, mediante requerimento de um terço de seus membros, para a apuração de fato determinado e por prazo certo, sendo suas conclusões, se for o caso, encaminhadas ao Ministério Público, para que promova a responsabilidade civil ou criminal dos infratores.

I - Uma vez concluída a CPI seus componentes relatarão, perante o plenário das respectivas casas, as falhas no sistema legal que permitiram a atuação dos réus e apresentaram propostas para aperfeiçoamento da legislação.

Acho que um dos principais problemas das CPIs atualmente reside na sua falta de credibilidade. O que resulta na falta de respeito devido a elas por parte dos investigados. Esse ciclo alimenta outro dos principais problemas delas: sua ineficiência. A credibilidade que as CPIs deveriam ter vem sendo sistematicamente abaladas com as chocantes e revelações de pedidos de propinas por parte de certos parlamentares para evitar que empresários investigados fossem convocados para depor. E mesmo quando algum investigado é convocado, invariavelmente, o mesmo invoca seu direito constitucional de permanecer em silêncio. Naturalmente, não podemos proibir os investigados de invocar esse direito previsto na Constituição. Resta, portanto, encontrar outro caminho para restaurar a utilidade das CPIs. A solução que apresento, é evitar, em primeiro lugar, que as CPIs possam competir com os órgãos normais de investigação como o Ministério Público e a Polícia Federal. Se existirem investigações já em curso a respeito do tema da CPI, ao invés de investigar o que já é investigado, a CPI passaria a cooperar com os órgãos investigantes e a receber a cooperação deles. Isso evitaria redundâncias e também aquele espetáculo triste em que os integrantes da CPI convocam determinada pessoa para depor e essa pessoa permanece o tempo todo calada tornando inútil (e às vezes caras ao contribuinte) sua convocação. Adotando esse novo enfoque, ao invés de convocar o investigado, bastaria requisitar os depoimentos já prestados pelos investigados aos órgãos investigantes e isto seria considerado como um depoimento dado à própria CPI. Além de evitar aquele triste espetáculo, também evitaria que maus parlamentares utilizassem a CPI como "fonte de renda" cobrando milionárias propinas para não convocar certos investigados. Quando não houver investigação em curso, as CPIs exerceriam plenamente suas prerrogativas de órgão investigante.

Essas mudanças, ao invés de limitar, tenderiam a fortalecer o caráter investigante das CPIs. Além de diminuir a probabilidade de parlamentares desonestos usarem a própria CPI como instrumento para achacar investigados ou constranger opositores como tem sido a praxe, infelizmente, nas últimas CPIs instaladas. Além disso, as CPIs ganhariam muito em utilidade porque, tanto exercendo plenamente seu papel de investigante, quanto colaborando com outros órgãos de investigação, os parlamentares poderiam aproveitar as conclusões da Comissão para aprimorar a legislação e fechar as brechas que possam ser usadas pelos criminosos para escapar da Justiça. Assim, teríamos um aperfeiçoamento constante da lei e daríamos menos oportunidades para os criminosos atuarem. Basicamente, ao final de cada CPI, seriam apresentadas análises sobre como a lei foi violada e apresentadas propostas para o aperfeiçoamento da legislação.

As CPIs prestariam um serviço muito mais relevante ao país se investigassem os desvios de conduta, principalmente os praticados por autoridade pública, e apresentassem propostas de lei que estancassem tais desvios do que "investigando" crimes que já estão sendo investigados por outras instituições. Afinal, o principal papel do legislativo é fazer e refazer as leis sempre buscando o melhoramento da legislação.

PARTE III
REFORMA PENAL

Capítulo X

Calamidade pública brasileira ou crime contra a humanidade?

Sobre a "Segurança Pública" do Brasil

Somente em 2014, segundo dados do IPEA, 59.627 cidadãos deste país tornaram-se vítimas da violência que grassa as cidades. Se levarmos em conta, para efeito de comparação, a guerra civil na Colômbia ou a guerra civil na Síria, o Brasil é campeão absoluto na arte de matar seus próprios cidadãos. Pois, se na Colômbia foi preciso 50 anos de guerra para sacrificar 240 mil pessoas e na Síria cerca de 5 anos para chegar a números semelhantes, o nosso país atinge a marca em apenas 4 anos. O detalhe tenebroso é que o Brasil, oficialmente, não está em uma guerra civil. É bem verdade que os 50 anos de guerra civil na Colômbia foram motivados por mesquinhos interesses ideológicos enquanto na Síria a guerra é alimentada por mesquinhos interesses autocráticos. Mas o Brasil não faz melhor figura nessa comparação pois, aqui, tantas pessoas são sacrificadas a cada ano vitimadas pela negligência criminosa de nossas autoridades públicas, principalmente, as eleitas.

Os números ficam mais assustadores se os colocamos em perspectiva. Caso levarmos em conta que esses números, nos últimos anos raramente recuam, é razoável calcular que, se cerca de 50 mil brasileiros são vitimados pela violência a cada ano, em 20 anos cerca de 1.000.000 de cidadãos terão perdido sua vida. Isso mesmo, um milhão. Eu gostaria de poder dizer que estamos diante de uma calamidade pública. Mas é evidente que estamos diante de um verdadeiro crime contra a humanidade. Quantos pais saíram de casa pela manhã na esperança de brincar com seus filhos à tarde e não voltaram vivos. Quantos filhos deixaram seus pais a espera-los para muito além das madrugadas porque já não estavam vivos. Quantas vidas sacrificadas. Quantos futuros em potencial foram desperdiçados? Quem falou por essas vítimas? Quem falará agora que suas vozes foram caladas?

Pelos que já se foram nada podemos fazer além de rezar ou nos lembrar delas. Mas, até mesmo, em homenagem à memória delas, nós, que aqui ficamos, temos o poder de fazer alguma coisa para impedir que mais pessoas se juntem a elas precocemente, vítimas do descaso de nossos governantes. Naturalmente, não existem soluções fáceis para o problema. E não acredito que o que estou propondo neste texto seja a "bala de prata" para acabar com o problema da violência. Mas eu estou convencido de que esta proposta é um bom começo. Nem que seja para tornar mais amplo o debate acerca do assunto. Não é a única proposta direcionada a resolver o problema da violência. Faz parte de um conjunto de propostas que, acredito, poderão diminuir bastante o número de vítimas.

A presente proposta gira em torno da mudança do art. 144 que trata da segurança pública, define os órgãos e distribui as competências para cada órgão. A intenção é criar um novo órgão que coordene em âmbito nacional os esforços dos órgãos regionais de segurança pública. Preferencialmente, servindo de "tradutor" Inter regiões para que todos falem a mesma língua no combate à violência. Seria, por esta PEC criada uma "Agência Nacional de Segurança Pública". Esse novo órgão ficaria responsável pela coordenação dos serviços estaduais de segurança. Serviria como "cola" para unir os esforços dos diferentes órgãos públicos de segurança e cuidaria para que todos falassem a mesma língua. Ficaria assim:

DA SEGURANÇA PÚBLICA

Art. 144. A segurança pública, dever do Estado, direito e responsabilidade de todos, é exercida para a preservação da ordem pública e da incolumidade das pessoas e do patrimônio, através dos seguintes órgãos:

I polícia federal;

II polícia rodoviária federal;

III polícia ferroviária federal;

IV polícias civis;

V polícias militares e corpos de bombeiros militares.

VI agência nacional de segurança pública

(...)

6ºA à Agência Nacional de Segurança Pública competirá coordenar as ações dos órgãos regionais de segurança pública, cooperar no desenvolvimento de seus trabalhos e intermediar a colaboração entre um órgão regional e outro.

I a cooperação entre os órgãos regionais e a agência não configura vinculação ou subordinação entre uma instituição e outra.

A criação de tal instituição de modo algum atentaria contra a autonomia garantida pela Constituição aos órgãos estaduais de segurança pública. Apenas tornaria mais fluida a comunicação entre eles. Geraria também, mais transparência na administração dos recursos investidos em segurança pública e facilitaria a investigação e eventual punição de desvios de conduta praticados por agentes a serviço da segurança pública. Não que a agência a ser criada viesse a se tornar uma espécie de "super-corregedoria". Na verdade, poderia atuar como intermediário permitindo que agentes de um estado investigassem suspeitas de crimes cometidos por agentes policiais em outro Estado ou daria suporte direto à corregedoria envolvida destacando agentes para o serviço de investigação. Penso que a perspectiva de ser surpreendido em falta pela atuação e fiscalização de um órgão que atue em nível nacional seria suficiente para inibir potenciais desvios de conduta por parte dos agentes da lei. Mas não precisaria ser este o foco principal da agência. Embora, naturalmente,

seja muito importante. Acho que a principal contribuição seria, talvez, eliminar o jogo de empurra que entre
os estados da federação e o governo federal quando
se fala em segurança pública. Quando se cobra do
governo federal, este diz que a responsabilidade pelo
tema é dos estados. Quando se cobra os governado-
res, estes dizem que o governo federal não faz a sua
parte. E o cidadão comum que morra. Havendo uma
maior sincronia na atuação dos entes públicos, haveria menos espaço para o verdadeiro esporte nacional
que é apontar o dedo para os outros quando se busca
o culpado por algum problema.

Quanto à pergunta que serve de título
este texto, penso que um país que sacrifica pelo menos meio milhão de seus cidadãos a cada década, já
ultrapassou em muito os limites do que poderíamos
classificar como "calamidade pública". Se ainda não
podemos chamar este estado de coisa como "crime
contra a humanidade", precisamos urgentemente in-
ventar um novo termo ou expressão para classifica-
lo.

Capítulo XI
O respeito às leis não é "facultativo"

Muito se tem discutido a respeito do absurdo número de recursos aos quais réus que dispõem de dinheiro suficiente para contratar uma banca estrelada advogados e que frequentemente conseguem evitar que o seu processo seja julgado jogando-o para as calendas gregas. Caso emblemático é do ex-senador e empresário Luiz Estêvão que, em apenas um de seus vários processos apresentou 34 recursos em cerca de 10 anos. Sim, 34 recursos em 10 (dez) anos. O processo do sr Estêvão deixou de prescrever por uma questão de apenas algumas horas. Se a Justiça não mandasse prendê-lo, em poucas horas ele estaria livre.

Chega a ser escandalosa a disparidade do modelo de Justiça que nosso país coloca a disposição das pessoas em função da quantidade de dinheiro que essa pessoa tem em sua conta bancária. Se sua conta for igual a 0 ou pouco mais que isso a Justiça pode cair com todo o seu peso sobre você. Se sua conta tem diversos zeros você pode lograr êxito em adiar a resolução do seu processo até que a "pretensão punitiva" do Estado prescreva e você saia livre independente de ser inocente ou culpado.

Esse estado de coisas causa em algumas pessoas a sensação de que é fácil enrolar a Justiça, que é possível sair impune dos crimes cometidos. Não causa tanta estranheza, portanto, que a criminalidade venha atingindo níveis inacreditáveis em nosso país nos últimos anos. Mas, é claro que não é possível depositar apenas na aparente leniência da Justiça a culpa pela escalada de violência que vemos em nosso país. Existe todo um conjunto de fenômenos que parecem juntarem-se para remeter nosso país, no que tange ao combate ao crime, à Idade Média europeia.

Conforme dito no começo do capítulo anterior, somente em 2014, segundo dados do IPEA, 59.627 cidadãos deste país tornaram-se vítimas da violência que grassa as cidades. Estes são números de vítimas dignos de uma guerra. É estarrecedor constatar que tantas pessoas de nosso país morreram em apenas 1 ano. Mais estarrecedor é constatar que número semelhante de pessoas morrem todos, sim *todos*, os anos. Triste ainda é a sensação de que tais números parecem demonstrar pouca vontade de entrar em declínio seja no curto, seja no longo prazo. Isso se deve ao fato de que, se nada de concreto for feito para mudar este estado de coisas, não há motivo para que as coisas melhorem.

Se, como dito anteriormente, não podemos colocar apenas na conta da Justiça Brasileira a culpa por tão absurda situação, podemos, sim, atribuir a ela sua devida parcela de responsabilidade. Nossa Justiça é, sim, leniente com poderosos, lenta e falha na resolução dos processos que a ela chega. Ao falhar em sua missão de punir os culpados de violar a lei, aa Justiça passa à sociedade uma mensagem de que a observância às regras que regem a sociedade e que são materializadas nas leis que estão em vigor pode ser considerada "facultativa" ou seja, você obedece apenas se assim desejar. Obviamente não é o caso. Mas, mesmo assim, muitos indivíduos acabam por arriscarem-se a empreender uma carreira no mundo do crime apostando que podem sair impunes devido a ineficiência da Justiça.

Como dito antes, a culpa não é apenas da lentidão da Justiça. Há uma grande parcela de responsabilidade que podemos debitar da conta de nossa confusa legislação, sobretudo, a penal e a processual penal. Todas estas linhas formam um emaranhado difícil de se desatar. Contudo, praticamente, qualquer nó pode ser desatado se começarmos do começo. E nem precisaremos cortá-lo com a espada como Alexandre fez com o nó Górdio. Para que possamos começar, é preciso escolher uma linha começar a desatar o nó. Acredito que a melhor linha neste caso é mudar na nossa Constituição a linha que corresponde ao inciso LXII do artigo 5º. Ficaria assim:

LVII ninguém será considerado culpado até a prolação de sentença penal condenatória;

Essa pequena mudança na CF tem o poder de resgatar o caráter educativo que a lei, sobretudo, a Lei Penal deve ter. Visa ainda garantir que o cumprimento da lei seja assegurado por um Judiciário fortalecido em todas as suas instâncias. Ora, a Justiça em nosso país se organiza em diversas instâncias de julgamento, no que o nosso país acompanha a grande maioria dos países, de modo que o direito do acusado seja amplamente garantido contra erros formais, de interpretação da Lei ou até mesmo má-fé de algum julgador.

Embora esse modelo processual receba o nome técnico de "duplo grau de julgamento", não podemos confundir essa expressão com a possibilidade de "duplo julgamento" em um mesmo processo, ou seja, que um mesmo réu seja julgado duas vezes num mesmo processo. O que ocorre, na prática processual, é que haja um julgamento na instância inicial do Judiciário, por um Juiz de primeira instância, onde se apresentam provas contrárias ou favoráveis ao réu, os acusadores e defensores fazem as suas alegações e o juiz, ou o júri, prolata a sua decisão julgando o réu culpado ou inocente.

A possibilidade de se fazer recurso a instâncias superiores permite que o réu ou seus acusadores tentem reverter uma decisão que lhes seja desfavorável. Contudo, não podemos falar de um "novo julgamento" em instâncias superiores. Tanto é assim que não se admite a apresentação de provas novas num processo em grau de recurso. O que demonstra que, nas instâncias superiores, o que se discute já não é a eventual culpa ou inocência do réu e sim se o seu julgamento seguiu o rito imposto pela lei. Claro resta que a decisão que declara o réu culpado ou inocente ocorre na primeira instância de julgamento.

Naturalmente, uma decisão em instância superior pode vir a reverter uma sentença de primeira instância. Um réu a princípio considerado culpado pode vir a ser declarado inocente, ou vice-versa. Mas aí não estamos falando de uma nova sentença e sim da "reforma" de uma sentença de primeiro grau. O que mais uma vez demonstra que a culpa ou inocência do réu é decidida em primeira instância. Essa decisão é tomada por um juiz ou por um júri formado por cidadãos.

Quando o juiz prolata a sua sentença ele não o faz em seu próprio nome. Quando o juiz decide, ele o faz em nome da sociedade que o investiu tal poder. Portanto, quando o juiz declara a culpa ou a inocência do réu, não é o juiz quem está falando e sim a sociedade. Tanto é assim que, caso um juiz tem algum tipo de relação com o réu ou algum tipo de interesse no resultado do julgamento, ele deve declarar a sua "suspeição" para julgar aquele caso em particular.

Essa obrigação de se declarar "suspeito" reforça a tese de que o juiz não fala em seu próprio nome e sim em nome da sociedade. Portanto, quem declara o réu culpado ou inocente não é o juiz e sim a sociedade. E esse fato de modo algum impede que as partes, sentindo que seu direito tenha sido prejudicado recorra a instâncias superiores. Nas instâncias superiores, como dito, verifica-se a regularidade do processo e não a culpa ou inocência do réu porque esta já está decidida desde o julgamento em primeira instância.

É natural que num sistema, mesmo no melhor dos sistemas judiciários, possa ocorrer erros. E são esses erros das instâncias inferiores que as instâncias superiores tem a missão de corrigir. Mas um erro deve ser sempre uma exceção à regra e não a própria regra. Tal como disposto no nosso atual ordenamento jurídico fica a impressão de que o erro na primeira instância é sempre a regra e não a exceção.

Portanto, a presente proposta tem o objetivo de assegurar que a voz da sociedade venha a ser ouvida como se deve. A muralha que separa o homem moderno da selvageria e a barbárie reside no respeito às leis que regem a sociedade. Ao judiciário cabe a interpretação da lei e sua aplicação nos casos concretos que lhe chegam. É o judiciário, em especial sua primeira instância, o guardião dessa muralha. Quando um cidadão deste país viola a lei, rompe-se com o seu gesto uma grande fissura nessa muralha legal. Com isto corremos o risco de vislumbrar pela fissura uma visão da barbárie que não deveria mais nos assombrar há milênios.

Basta ver os noticiários, nas estatísticas aterradoras da violência a que estão sujeitos os nossos cidadãos, e nós mesmos que também somos cidadãos. Nada menos que perto de 100.000 brasileiros (contando também as vítimas de "acidentes de trânsito") perdem sua vida a cada ano. Esse número demonstra que não há em nosso país o devido respeito à lei. O que nos deixa à mercê da barbárie e da selvageria. Não se trata de penalizar o cidadão de bem que pode, eventualmente, ser vítima de erros e sim de persuadir o cidadão que, eventualmente, pode se sentir tentado a empreender uma vida criminosa por acreditar que a brandura do sistema legal vai lhe favorecer a manter o devido respeito às leis.

As leis existem para regular as relações que os cidadãos mentem uns com os outros. No caso da lei penal em particular deve haver uma união entre o seu caráter punitivo (que ocorre quando a lei é aplicada após o delito ser cometido) com um caráter preventivo que se materializa quando a lei surte o efeito de persuadir o potencial criminoso a refrear suas intenções criminosas. Esse caráter preventivo da lei só ganha efetividade quando o potencial criminoso tem a certeza de que a punição é inevitável e não demorará a se materializar,

Naturalmente, mesmo quando há a prévia certeza da culpabilidade do réu, seja pelo mesmo ter confessado o seu crime, seja por ele ter sido preso em flagrante, o mesmo tem direitos que devem ser resguardados. Dentre esses direitos está o de recorrer de sua condenação a instâncias superiores. Mas como dito anteriormente, eventual recurso não discute a culpa ou a inocência do réu e sim detalhes do processo que podem ou não mudar sua sentença. Sentença que é decidida na primeira instância.

É evidente que todas as instâncias da justiça têm igual importância. Mas cada uma delas exerce diferente papel no processamento de condenações criminais. Se a primeira instância não tem importância ou não é digna da confiança de que gozam as instâncias superiores, melhor seria extinguir essa instância da Justiça e concentrar todos os processos nas demais instâncias. O que, aliás, devido ao absurdo número de recursos, vem acontecendo na prática.

Basta comparar os números de processos julgados pelo nosso STF com a Suprema corte dos EUA. Em 2013 o STF julgou nada menos do que 85.000 (oitenta e cinco mil) processos. A Corte americana julgou cerca de 80 (O Globo, 21/08/2014). Há mais justiça no Brasil do que nos EUA? Nossa Justiça é mais eficiente que a americana? Sabemos que não.

É de se notar que naquele país, berço da democracia moderna, modelo não só para o nosso país mas para muitos outros, o julgamento de primeira instância tem seu valor reconhecido e o cumprimento da sentença é imediato. Podemos dizer que o nosso país é mais "civilizado" que o americano? Os números de violência que nos aflige demonstram que é provável que não.

Os altíssimos índices de violência que afligem os cidadãos de nosso país demonstram que há um erro fundamental em nossa legislação. Esse erro pode ser entendido como a noção de que existem níveis "aceitáveis" de delinquência. Como se a lei dissesse que é permitido transgredi-la desde que não se ultrapasse algum limite. Obviamente não é assim. Pode parecer uma conquista civilizatória a noção expressa no inciso LXII de nossa CF. Mas é uma falsa conquista porque desconsidera o imponderável da condição humana. Aquela capacidade que o ser humano tem de fazer escolhas. Naturalmente, tendemos a fazer boas escolhas. Contudo, é recorrente o fato de que certas pessoas fazem escolhas erradas ainda que isso prejudique a elas mesmas e aos seus semelhantes.

Existe também a noção de que "todos são inocentes até prova em contrário", esta sim uma verdadeira conquista e que não contraria a presente proposta. Afinal, quando há uma sentença penal condenatória, é porque existem provas suficientemente convincentes de que o réu deixou de ser considerado inocente do crime de que é acusado.

Claro que existem criminosos que podem ser portadores de graves distúrbios mentais. Mas tais criminosos poderiam não ser considerados responsáveis por seus atos. É forte a sensação de que a maioria dos que engendram uma carreira criminosa nada tem de perturbados. Na verdade, esses criminosos agem como verdadeiros "empreendedores do crime" planejando seus crimes e pesando os prós e os contras de suas ações criminosas e também os custos e potenciais lucros do crime a ser cometido. Tais criminosos não podem ser considerados como "não responsáveis" por seus atos. Eles têm plena consciência de que seus atos contrariam a lei. Não faz sentido, em especial nos casos em que o criminoso é flagrado no ato de cometer o seu crime, continuar a trata-lo como potencialmente inocente até o trânsito em julgado do processo, ou seja, até que, como ocorre em muitos processos, o STF declare o réu culpado, o que raramente acontece porque o número absurdo de recursos ao supremo mencionado acima torna impossível que a nossa corte maior julgue todos os processos que lhe chegam. Semelhantes criminosos poderiam repensar suas ações se tivessem em mente que a resposta da sociedade por meio da justiça pode ser não só garantida, mas também rápida.

Como dito anteriormente, a lei tem diversos aspectos. Tem não só o aspecto de reprimenda ao ato cometido, mas também o aspecto preventivo dando ao potencial criminoso a certeza de que sua punição será certa. Quando além de certeira a reprimenda for também rápida, com certeza, nossos "empreendedores do crime" podem pensar melhor e desistir do seu empreendimento criminoso.

Capítulo XII
Uma alternativa para desafogar o Judiciário

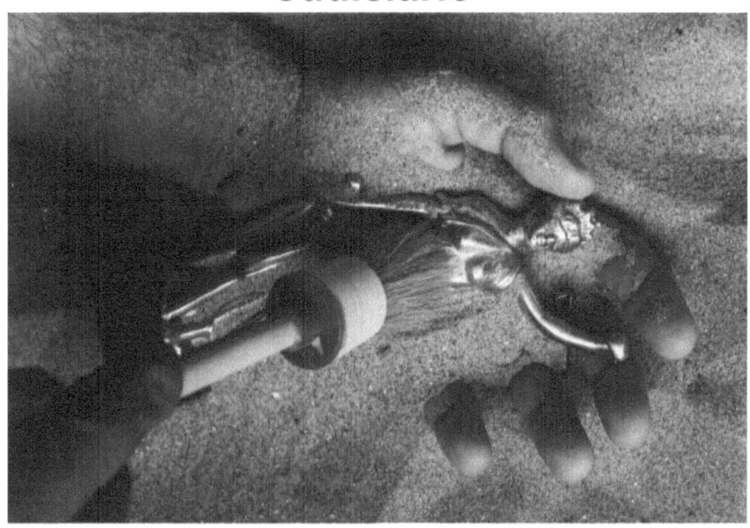

É provável que nosso sistema judiciário deixasse Kafka admirado caso viesse a conhece-lo. É fácil para uma pessoa perder-se em um labirinto que lembra muito um pesadelo kafkiano. Contudo, creio que existe uma certa diferença entre o nosso sistema e o pesadelo burocrático imaginado por Kafka, enquanto neste Josef K. é enredado em processo infindo contra a sua vontade e sem saber sequer de que é acusado, naquele, alguns cidadãos são enredados em vários processos sabendo muito bem de que são acusados. E, por não querer saber como terminará o(s) seu(s) processo(s), fazem tudo o que podem para que o processo não caminhe para a sentença.

No nosso pesadelo judiciário, muitas vezes, é o próprio réu quem cria o labirinto. E é assim porque nossa legislação (sempre ela) foi construída para dificultar a resolução dos processos e não para facilitar. Talvez eu esteja apenas mal informado, mas, me parece que inexiste a possibilidade de um acordo judicial, no âmbito de processos criminais, tendente a pôr um fim ao processo rapidamente. Tal figura jurídica existe em alguns países como os EUA. Mas, aqui, no que tange a processos criminais, tanto o acusador quanto o acusado parecem ser estimulados a ir para o "tudo ou nada". E quem se importa com o quanto isso pode custar ao contribuinte?

No nosso país o que vemos são infindáveis processos. Para ficar em um exemplo, o processo contra o ex-governador de Minas Gerais Eduardo Azeredo levou 20 anos (isso mesmo: 20 anos) para ser julgado. E ainda não terminou de ser julgado em todas as instâncias. E o que dizer do senhor Paulo Maluf? E a face perversa deste estado de coisas é que é forte a sensação de que a Justiça funciona neste modo somente para quem tem (muito) dinheiro para pagar bons advogados (geralmente vários ao mesmo tempo) mas não para o cidadão comum que não dispõe de recursos financeiros. Este, invariavelmente, é jogado no verdadeiro pesadelo kafkiano e, como Josef K., não escapa à sua sentença.

E é conhecida a estratégia da "chicana jurídica" que visa postergar ao máximo a sentença do processo para que o mesmo "prescreva" e o acusado saia livre mesmo que seja culpado do crime de que foi acusado. Estes réus apostam no "tudo ou nada" de que falei antes e, geralmente, levam tudo. A Justiça, para não ficar com nada abraça o prejuízo de ver os custos gerados por anos, às vezes décadas, de andamento processual se mostrarem inúteis. Toneladas de papel são produzidas a cada ano pela Justiça brasileira em processos que não gerarão nenhum resultado prático.

Se houvesse em nosso país um instituto jurídico que estimulasse as partes de um processo criminal a fazer um acordo ainda no início do andamento do processo teríamos muito o que ganhar, inclusive financeiramente.

Em primeiro lugar, diante de provas robustas de sua culpa, pode parecer interessante ao réu propor ou aceitar a proposta de um acordo judicial no qual ele reconhece sua culpa e aceita a reprimenda que o Estado dispõe para aquele crime cometido e, em troca, pode ter sua pena abrandada como como uma recompensa pelo acordo. Para o Estado, representado pelo Ministério Público, pode ser interessante acabar ainda no começo com um processo ao invés de se deixar enredar em infindáveis recursos e chicanas que adiam a resolução do processo por anos ou décadas. Com isso poupa-se não só tempo, mas dinheiro também, dinheiro do contribuinte. Dá-se, assim, uma resposta à sociedade no que se refere à punição dos culpados gastando-se o mínimo de recursos públicos.

É difícil contestar os benefícios que a lei de "delações premiadas" trouxe às investigações e processos criminais. O andamento da operação lava-jato desde 2014 demonstra que a introdução desse instrumento foi um grande avanço para o nosso sistema judiciário. Contudo, a delação premiada tem uma limitação. Ela foi criada para facilitar a investigação e processamento de um tipo específico de crime (mas que acaba envolvendo a prática de vários outros crimes) que é a "formação de quadrilha". Para que haja um benefício ao réu é preciso que ele "delate" um ou mais de um de seus "parceiros de crimes". Não acho que seja possível nesse instrumento alguém "delatar" a si mesmo.

Penso que ao mudar nossa legislação para permitir a oferta de algum benefício ao réu caso ele confesse seu crime pode motivá-lo a cooperar com a justiça. Desse modo, muitos processos que duram anos ou décadas poderiam ser resolvido em muito menos tempo e sem o risco de se sobrecarregar as instâncias superiores com infindáveis recursos. Haveria assim economia de tempo e de recursos, principalmente financeiros, sem que houvesse a necessidade de se abrir mão de a Justiça dar alguma resposta à sociedade quando houver a prática de algum crime. E a chave para isso está na alteração do Código do Processo Penal alterando o conceito de "confissão". Ficaria assim:

Art. 2º o artigo 197 passa a vigorar com a seguinte redação:

~~DA CONFISSÃO~~

*DO RECONHECIMENTO DE CULPA E DO
ACORDO JUDICIAL*

Art. 197. O valor da confissão, *como reconhecimento de culpa,* **se aferirá pelos critérios adotados para os outros elementos de prova, e para a sua apreciação o juiz deverá confrontá-la com as demais provas do processo, verificando se entre ela e estas existe compatibilidade ou concordância.**

I - O reconhecimento de culpa implica a necessidade de reparação, quando possível, do dano causado.

II - Quando o réu estiver de acordo com o dever de reparar o dano causado, o reconhecimento de culpa contará como atenuante na hora da aplicação da Pena.

(...)

Art. 3º fica incluído o artigo 200A com a seguinte redação:

Art. 200A - Ambas as partes podem oferecer a contraparte, perante o juízo, proposta de acordo mediante o reconhecimento de culpa.

I aceito o acordo, o juiz homologará o mesmo levando em conta os termos do acordo quando prolatar a sentença.

Tal alteração teria como objetivo aumentar a eficiência ao andamento de processos penais conferindo-lhe a necessária celeridade sem, para isso, atentar contra os direitos do acusado. Pelo contrário, ao alterar o disposto no Art. 197 do Código de Processo Penal, alterando conceito de confissão, para o de reconhecimento de culpa, garantimos ao réu um direito extra, caso ele decida, de livre vontade, confessar sua culpa. Pois, tal como se encontra hoje, o referido artigo apenas esclarece o que é a confissão e institui comandos ao juiz a respeito da referida confissão. Mas com a mudança aqui proposta, o réu terá um benefício caso queira confessar, pois, o julgador do caso terá que levar em consideração esse reconhecimento de culpa na hora de prolatar a sentença.

Também, é preciso notar, que a inclusão do art. 200A trará benefícios ao réu ao contemplá-lo com a possibilidade de propor à contraparte um acordo que, o reconhecimento de sua culpa, possa negociar uma redução de sua pena. Tal acordo pode trazer benefício também ao andamento do processo, pois, com as partes entrando em acordo, o processo tende a se resolver na instância em que estiver. Isso poderá ter um impacto muito positivo sobre o volume de processos em andamento nas instâncias da Justiça. Caso a maioria de dos processos sendo resolvidos na primeira instância, mediante acordo, haverá menos recursos a serem julgados nas instâncias superiores também, garantindo assim, mais celeridade à Justiça Brasileira.

Uma das faces mais cruéis da corrupção e do descalabro que é o crime organizado em nosso país reside na sensação (mais do que sensação) de que as pessoas que escolhem delinquir ainda zombam da sociedade fazendo uso do produto de seu crime para financiar os melhores profissionais da advocacia ou bancas inteiras de advogados para promover a sua defesa.

Imagine um detentor de mandato eletivo que é acusado de desviar muitos milhões de reais dos cofres públicos. Muitas vezes, de origem modesta, essa pessoa dificilmente teria recursos financeiros (de origem lícita) para pagar bons advogados. Contudo, o que vemos no nosso cotidiano são pessoas nessas condições sendo defendidas em processos por desvios de recursos públicos por dúzias de advogados que, dificilmente, cobrariam menos do que vários milhões de reais de honorários advocatícios de seus clientes. Pergunto: de onde vem o dinheiro do acusado para pagar tais advogados?

Não acho impossível que alguns desses grandes nomes do Direito brasileiro, movidos pela generosidade pessoal, decidam promover gratuitamente a defesa de semelhantes réus. Contudo, nem a Polyana conseguiria ser tão otimista. Nem Sancho Pança conseguiria ser tão simplório para acreditar que tantos advogados decidiriam ser magnânimos ao mesmo tempo. E a pergunta persiste: de onde vem o dinheiro que financia a defesa de todos esses réus?

Se alguém tem dinheiro em sua conta bancária, que ganhou de herança ou como empreendedor (honesto), e se vê enredado em algum processo, ele tem o direito de contratar tantos advogados, e ao preço que estiver disposto a pagar, quanto ele quiser. O dinheiro é dele e ele pode desperdiça-lo como desejar. Mas se alguém, aparentemente, cometeu um crime, seja um roubo à banco, seja desvio de recursos públicos, esse dinheiro não lhe pertence. Essa pessoa se "apropriou" criminosamente de um recurso financeiro que não lhe pertence. E é um acinte que tal pessoa use o dinheiro roubado para pagar a sua defesa. Que ele trabalhe honestamente e ganhe dinheiro suficiente para pagar seu advogado. E que ele contrate um advogado que o seu dinheiro ganho honestamente seja suficiente para pagar. Se não for esse o caso, que seja encaminhado para a Defensoria Pública. O produto de seu crime não pode ser usado para financiar uma banca de advogados para defendê-lo. Isso é especialmente verdadeiro no caso de políticos e autoridades públicas desonestas que roubam o dinheiro do cidadão. É um insulto à sociedade ver que o dinheiro que lhe foi roubado ainda pode estar sendo usado para manter o ladrão longe das barras da cadeia. A mudança proposta ficaria assim:

CAPÍTULO VI

DAS MEDIDAS ASSECURATÓRIAS

Art. 125. Caberá o sequestro dos bens imóveis, adquiridos pelo indiciado com os proventos da infração, ainda que já tenham sido transferidos a terceiro.

I quando se tratar de crimes financeiros e crimes conexos a estes, em especial os crimes de lavagem de di-

Com a mudança proposta para o artigo
125 procura-se dar eficiência ao combate à corrupção
e ao crime organizado. Além disso, essa mudança
visa evitar que o réu, em processos dessa natureza,
utilize o produto do seu crime para financiar a sua de-

fesa contratando advogados ou escritórios de advocacia muito caros e inacessíveis à maioria da população. A constituição brasileira garante a todos os cidadãos o direito ao acesso a um advogado para promover a sua defesa, mesmo para quem não dispõe de recursos financeiros, para isso, inclusive, existe a defensoria pública. Porém, não é justo que alguém, sobre quem repousa graves suspeitas de ter praticado crimes financeiros, utilize os recursos oriundos do seu crime para pagar os honorários de um advogado que, se não fosse pelo crime praticado, a pessoa não teria acesso.

Já a inclusão dos incisos V e VI ao artigo 302 tem por objetivo ampliar o conceito de prisão em flagrante garantindo assim, que esse instrumento jurídico possa ser utilizado contra pessoas que pratiquem crimes como corrupção e lavagem de dinheiro. Tais pessoas podem encontrar, e geralmente encontram, brechas para escapar da justiça simplesmente porque é difícil caracterizar o flagrante criminal no caso de movimentação de recursos financeiros de origem suspeita ou francamente ilícita. Ficaria assim:

DA PRISÃO EM FLAGRANTE

(...)

Art. 302. Considera-se em flagrante delito quem:

(...)

V encontra-se na posse de bens e recursos financeiros de origem ilícita.

VI movimenta ou movimentou recursos financeiros de origem ilícita por meio de conta bancária no Brasil ou no exterior.

Penso que se uma pessoa é encontrada na posse de recursos financeiros ou bens de origem ilícita essa pessoa está sendo "flagrada" numa possível prática criminosa. Não há impedimento para que essa pessoa seja inocente desse possível crime. Isto é algo que o inquérito e o provável processo irá resolver.

Obviamente, surpreender alguém no que pareça ser a prática de um ato criminoso não constitui uma condenação. Indiciar essa pessoa para que responda perante a Justiça também não é uma condenação por si mesma. É uma oportunidade de essa pessoa apresentar suas explicações, enfim, demonstrar sua inocência.

Penso que a mudança proposta pode ajudar a elucidar crimes cometidos por quadrilhas bem organizadas. Pode ajudar a punir também crimes cometidos por autoridades públicas que, ao contrário de um ladrão de bancos que precisa ter uma arma e invadir uma agência bancária para cometer o seu crime e, com isso, correr o risco de ser preso em flagrante, a autoridade dificilmente precisa ou vai se colocar em uma situação em que possa ser "flagrado" segundo a definição vigente, contudo, quem se lembra das cenas de um famoso apartamento em Salvador-BA que guardava milhões de reais em espécie, vai entender como essa mudança é importante. Com tal mudança fica mais difícil para o crime organizado, sobretudo o crime organizado em torno dos *cofres públicos*, escapar impunes por detalhes jurídicos pequenos.

Naturalmente, cabe às autoridades judiciárias provar o nexo entre o que foi flagrado na posse do acusado e sua possível origem ilícita. É óbvio que estar na posse de recursos de origem, a princípio, não identificada significa automaticamente que esses recursos sejam de origem ilícita. Mas, por exemplo, guardar mais de R$ 55 milhões de em espécie num apartamento, se não é ilícito, é, no mínimo, suspeito.

O objetivo das mudanças acima propostas não é propriamente "prender criminosos em geral e políticos corruptos". Pode parecer estranho afirmar isto agora. Contudo, como já disse antes, a Lei (com ele maiúsculo) tem, sim, um caráter punitivo que visa aplicar a devida "reprimenda" ao cidadão que tenha cometido algum crime. Mas é preciso ter em mente que a Lei não tem apenas esse caráter. Ela tem também um aspecto "preventivo", isto é, tem também a função de impedir que o delito seja praticado informando ao cidadão que esteja prestes a se tornar criminoso as penas a que ele está exposto casa desafie o que diz a Lei. A ideia é, nessa função, evitar que o crime seja cometido. Impede-se assim que o crime seja sequer cometido. Não havendo dano causado, não há a necessidade de reprimenda, porque não há a figura do transgressor da lei. A lei continua existindo mas a ideia é que ela não precise ser aplicada porque sua existência já é suficiente para dissuadir os potenciais criminosos.

Os temas aqui discutidos são atualíssi-
mos e urgentes. Recentemente foi apresentado um
conjunto de propostas para o combate à criminalidade
pelo atual Ministro da Justiça sr Sérgio Moro e que foi
denominado de pacote de leis anticrime. Moro notabi-
lizou-se pelo modo como conduziu durante os últimos
anos a famosa "Operação Lava-Jato". Seria desnecessário enumerar todos os méritos do nosso ministro. Para começar, ele é um juiz de carreira e experi-
ente na área de combate a crime organizado e se con-
tinuássemos a lista, ela seria infindável. Por isso, não
é de se espantar que seu pacote de leis traga realmente alguns avanços no combate a este câncer que
ameaça tragar o nosso país inteiro que é a criminalidade. O que me deixou um tanto surpreso foi o fato
de que pelo menos duas das propostas do sr Moro
serem bastante parecidas com as que eu já propunha
em meus textos sobre o assunto anteriormente. Uma
delas é esta proposta aqui discutida e que versa sobre a possibilidade de ambas as partes de um processo criminal efetuar uma proposta de acordo para
pôr fim ao processo. no caso do pacote de Moro, porém, apenas o ministério público, pelo que eu entendi,
poderia propor semelhante acordo, de resto, as pro-

postas são parecidas. A outra diz respeito a possibilidade de o condenado começar a cumprir a pena logo após a condenação. Esta já era uma proposta defendida pelo ministro em ocasiões anteriores e reconheço que usei sua percepção para formular a proposta, mais ampla que defendo no presente livro.

De resto, acredito que as propostas aqui defendidas como um remédio para curar nosso país de seu mal que é o número perturbador de crimes cometidos não contradizem as propostas do pacote anticrime, pelo contrário, elas aprofundam o que é apresentado no pacote e também complementam oferecendo sugestões sobre mudanças no código penal que aquele pacote não contempla.

Capítulo XIII
E por falar em potenciais criminosos

O Brasil pode ser a nossa "Pátria amada", mas, com certeza, não é "Dos filhos deste solo" a "mãe gentil". Penso que uma mãe, quando gentil, preocupa-se com o bem-estar de seus filhos. Por outro lado, uma mãe de 208 milhões de "filhos" que sacrifica, a cada ano, quase cem mil de seus filhos em mortes violentas, seja a violência urbana, seja a violência do trânsito, não pode ser chamada de "gentil". Por ora eu nem vou falar a respeito do nosso teratológico e fatal trânsito. Vamos agora os concentrar somente nas assustadoras estatísticas de homicídios, latrocínios e crimes conexos.

Somente no ano de 2017 foram registrados em nosso país 59.103 homicídios, latrocínios e lesões corporais seguidas de morte, segundo o <u>MONITOR DA VIOLÊNCIA</u>, o que significa uma morte a cada 9 minutos, em média. São números assustadores que mesmo países em guerra declarada tem dificuldade para alcançar. Se esses números fossem uma excepcionalidade, um evento isolado, restrito ao ano de 2017 já seria, ainda assim, um assombro, Mas basta ver os números de 2016 para constatar que esses números são a regra e não a exceção nas últimas décadas. Em 2016 foram registradas 57.549 vítimas de homicídios no país e, se olharmos os anos anteriores também, encontraremos números semelhantes de vítimas.

É mais do que uma mera sensação. De fato, os criminosos perderam o receio das penas previstas em nossa lei penal. Confiantes na impunidade ou na frouxidão de suas penas decidem arriscar-se em seus empreendimentos criminosos e deixam a sociedade refém de seus crimes. Torna-se evidente que algo de muito errado existe no modo como nossas instituições vem tratando a questão da violência em nosso país. É urgente que algo seja feito para interromper esse ciclo assustador de violência que assola os nossos cidadãos.

Naturalmente, são tantas e tão variadas as causas da violência em nosso país que seria impossível incluir nesta justificativa cada uma delas. Mas uma das principais causas de tanta violência, evidentemente reside na pouca efetividade da nossa lei penal que acaba levando potenciais criminosos a apostar em uma eventual impunidade ou, no máximo, em uma punição branda para crimes muito graves.

A presente proposta de alteração do código Penal Brasileiro tem o objetivo de resgatar papel que o mesmo tem de dissuadir potenciais criminosos de suas empreitadas criminosas apresentando-lhes como consequências de suas ações criminosas uma punição efetiva e certeira. E, para que a resposta da sociedade (por meio das instituições adequadas) à eventual conduta criminosa seja efetiva, é indispensável que ela seja rápida. Para que seja certeira é necessário que seja direcionada de maneira adequada ao que nos pareça ser a causa do crime.

Ao alterar o art. 33 do Código Penal introduzindo no seu § 2º a alínea "b" tornando obrigatório ao condenado por crimes de homicídio ou praticados com violência ou grave ameaça o cumprimento de sua pena em regime fechado desde o início, mesmo que a pena seja inferior a 04 anos, busca-se sinalizar ao potencial criminoso que a sociedade brasileira a partir deste momento adota grau zero de tolerância para os crimes praticados com violência. Busca-se mostrar ao candidato a criminoso que a consequência de suas ações será rápida e efetiva. Ficaria assim:

Art. 33 - A pena de reclusão deve ser cumprida em regime fechado, semiaberto ou aberto. A de detenção, em regime semiaberto, ou aberto, salvo necessidade de transferência a regime fechado.

(...)

§ 2º - As penas privativas de liberdade deverão ser executadas em forma progressiva, segundo o mérito do condenado, observados os seguintes critérios e ressalvadas as hipóteses de transferência a regime mais rigoroso: (Redação dada pela Lei nº 7.209, de 11.7.1984)

(...)

b) o condenado por crime de homicídio e outros crimes praticados com violência ou grave ameaça à integridade física e psicológica da vítima deverá começar a cumprir sua pena em regime fechado mesmo que a pena seja inferior a 04 (quatro) anos;

c) o condenado por crime contra a Administração Pública, conforme tipificação contida no Título XI, caps I e II, arts 312 a 336, do DECRETO-LEI No 2.848, DE 7 DE DEZEMBRO DE 1940, deverá começar a cumprir sua pena em regime fechado mesmo que a pena seja inferior a 04 (quatro) anos;

d) o condenado não reincidente, cuja pena seja superior a 4 (quatro) anos e não exceda a 8 (oito), poderá, desde o princípio, cumpri-la em regime semiaberto. Quando for reincidente, caberá ao magistrado decidir se a aplicação da pena privativa de liberdade em regime fechado será mais efetiva para a reprimenda ao réu ou se a mesma pode ser substituída por outras sanções ainda que a pena aplicada seja inferior a 30 (trinta) dias;

e) o condenado não reincidente, cuja pena seja igual ou inferior a 4 (quatro) anos, poderá, desde o início, cumpri-la em regime aberto. Quando for reincidente, caberá ao magistrado decidir se a aplicação da pena privativa de liberdade em regime fechado será mais efetiva para a reprimenda ao réu ou se a mesma pode ser substituída por outras sanções ainda que a pena aplicada seja inferior a 30 (trinta) dias.

(...)

A inserção da alínea "c" no mesmo § 2º tem o objetivo de sinalizar para os corruptos e corruptores que tanto prejuízo tem causado à Administração Pública e à sociedade que esta representa que a tolerância dos nossos cidadãos para com essa modalidade de crime também terá grau zero.

Entende-se que os crimes praticados contra a Administração Pública são equiparáveis à violência física praticada contra o cidadão, mas agravada pelo fato destes crimes serem praticados contra todos os cidadãos que compõem a sociedade e ao mesmo tempo. Não é mera figura de linguagem comparar a corrupção à violência.

Tomemos como exemplo os desvios de recursos públicos destinados a saúde: quando um corrupto rouba o dinheiro que deveria servir para comprar remédios ou insumos para o tratamento de internados em um hospital, ele pode estar condenando alguns destes internados à morte ou a algum tipo de lesão irreversível porque quando alguém necessita de internação sub entende-se que seu estado de saúde inspira muitos cuidados ou é francamente grave o bastante para que o paciente morra. Quando um corrupto desvia recursos públicos ele está praticando uma violência real contra o conjunto da sociedade.

A alteração proposta para as alíneas seguintes, que tratam da situação dos criminosos que voltam a cometer crimes: os "reincidentes", tem a intenção de incentivar a recuperação dos condenados deixando-lhes claro que reincidir no crime, mesmo nos crimes não violentos, terá como resultado seu imediato recolhimento a uma prisão.

Com a mudança proposta para o artigo 91, ao adotar o inciso III e suas alíneas "a", "b" e "c", a presente proposta de tem a intenção de, em primeiro lugar, deixar claro aos potenciais criminosos que a sociedade brasileira não tolerará mais os desvios de conduta e o descaso com o cumprimento da Lei, sobretudo, da Lei Penal, tanto no sentido de adotar o conceito de "tolerância zero" para com a conduta criminosa quanto no sentido de não "tolerar", "suportar", ou seja, dar "suporte financeiro" ao combate ao crime.

Se alguém se desviar do caminho da Lei e essa pessoa for condenada pela Justiça caberá a ela devolver ao Poder Público tudo o que este for obrigado a gastar para investiga-la, processá-la e condená-la. Em segundo lugar, essa mudança pretende servir como um incentivo a mais para que o potencial criminoso refreie suas intenções de desafiar as leis do país pela certeza de que será condenado e, sendo condenado, terá que pagar, literalmente, pelo seu erro. Nenhuma forma de se fazer respeitar a Lei é mais efetiva do que a perspectiva de "fazer doer no bolso" do indivíduo o fato de este desrespeitar o que diz a lei. Seria esta a nova redação do referido artigo:

Art. 91 - São efeitos da condenação: <u>(Redação dada pela Lei nº 7.209, de 11.7.1984)</u>

(...)

III – a obrigação de restituir ao Poder Público todos os valores gastos com o processamento penal do condenado desde a instauração do inquérito investigativo até a extinção de sua punibilidade.

a) A obrigação de restituir de que trata este inciso não depende de decisão judicial manifestada na sentença.
b) Decisão judicial não pode dispensar o condenado da obrigação de restituir de que trata este inciso.
c) Quando manifestada pelo condenado sua incapacidade financeira de devolver ao erário os valores gastos no seu processamento penal o mesmo deverá ser encaminhado aos órgãos oficiais de assistência social para avaliação e eventual ajuda financeira.

(...)

É importante ressaltar que com essa mudança não se pretende mudar a forma de o Poder Público financiar a Justiça. Continuará sendo de responsabilidade dos administradores públicos fazer os repasses orçamentários aos órgãos que compõem o nosso sistema judiciário como já fazem hoje. O que

255

se pretende é fazer com que um dos efeitos da condenação seja, para o condenado, a obrigação de devolver ao erário cada centavo que esses mesmos órgãos públicos gastaram do dinheiro do contribuinte para processá-lo porque este resolveu desafiar as leis do país. O dinheiro devolvido por este meio será encaminhado diretamente ao Tesouro Nacional ou às contas governamentais destinadas a esse fim.

Os números estarrecedores de homicídios que ocorrem em nosso país revelam apenas a ponta de um enorme iceberg que é a violência a que nossos cidadãos estão sujeitos em seu dia a dia. É evidente que no total de quase 60.000 mortes violentas ocorridas em 2017 há muitos casos de "simples" homicídios. Contudo, essa está longe de ser a única forma de violência praticada em nosso país. Mesmo por trás destes números de mortes violentas, devem existir muitos casos latrocínio. Mas existe ainda outras modalidades de crimes como o roubo e o furto. Somente na cidade de São Paulo e somente em 2017 ocorreram nada menos que 530 furtos por dia. Em 2017 o município de São Paulo registrou 193.685 furtos. Levando-se em conta que estes números dizem respeito somente a 01 dos mais de 5500 municípios do nosso país e que se trata de somente uma modalidade de crime (furto) podemos dizer que estamos diante números igualmente alarmantes.

Contudo, analisando o que diz os artigos de nossa lei penal que tratam destes crimes (roubo, furto e homicídio), notamos que as penas ali cominadas já são adequadas. E mesmo assim os números destes crimes não diminuem. Obviamente, aumentar ainda mais as penas para esses crimes, provavelmente, terá pouco efeito prático. É necessário mirar na verdadeira causa de tais crimes. É por isso que a alteração proposta para o art. 180-A se mostra tão oportuna. Se as penas previstas para os crimes de roubo e furto com seus agravantes e atenuantes são adequados, as penas previstas para o crime de receptação de coisa roubada se mostra muito abaixo do que seria adequado. Mudando o artigo 180 ele ficaria assim:

Receptação

Art. 180 - Adquirir, receber, transportar, conduzir ou ocultar, em proveito próprio ou alheio, coisa que sabe ser produto de crime, ou influir para que terceiro, de boa-fé, a adquira, receba ou oculte:

Pena - reclusão, de dois a seis anos, e multa.

Receptação qualificada

§ 1º - Adquirir, receber, transportar, conduzir, ocultar, ter em depósito, desmontar, montar, remontar, vender, expor à venda, ou de qualquer forma utilizar, em proveito próprio ou alheio, no exercício de atividade comercial ou industrial, coisa que deve saber ser produto de crime:

Pena - reclusão, de seis a doze anos, e multa.

§ 2º - Equipara-se à atividade comercial, para efeito do parágrafo anterior, qualquer forma de comércio irregular ou clandestino, inclusive o exercício em residência.

§ 3º - Adquirir ou receber coisa que, por sua natureza ou pela desproporção entre o valor e o preço, ou pela condição de quem a oferece, deve presumir-se obtida por meio criminoso:

Pena - detenção, de três meses a um ano e seis meses, ou multa, ou ambas as penas.

(...)

Receptação de animal

Art. 180-A. Adquirir, receber, transportar, conduzir, ocultar, ter em depósito ou vender, com a finalidade de produção ou de comercialização, semovente domesticável de produção, ainda que abatido ou dividido em partes, que deve saber ser produto de crime:

Pena - reclusão, de 3 (três) a 6 (seis) anos, e multa.

Art. 180-B Aos condenados pelo disposto nos art. 155 e 157 poderá ser concedido o benefício da redução de pena de um terço até metade se o réu colaborar efetivamente para a prisão e condenação do receptador indicando o nome e apresentando provas que levem à condenação quem houver comprado os objetos roubados ou furtados.

I – poderá ainda a Autoridade Policial, com a devida autorização de um magistrado e acompanhamento do Ministério Público, realizar, mediante cooperação voluntária do réu referido no § 1º, realizar ações com o objetivo de prender em flagrante delito o receptador de objetos roubados ou furtados.

Não é preciso ser especialista no estudo da violência para compreender o movimento em espiral que faz os crimes acontecerem. É evidente que o ladrão não pretende ficar com o objeto de seu roubo ou furto se este não for valor financeiro. Quando alguém rouba seja um automóvel, seja um celular, sua intenção é a de vendê-lo e assim receber dinheiro. Fica claro que, se não há alguém disposto a comprar um objeto roubado, não haverá também alguém disposto a roubar esses objetos. Logo, a figura do "receptador" de objetos roubados é essencial nesta cadeia de violência. Aumentar as penas previstas para quem compra objetos roubados ou furtados pode ser um meio mais eficiente de interromper tal cadeia.

É evidente que a caracterização do crime de receptação é algo mais difícil do que a caracterização de roubo ou furto. Ao oferecer aos réus condenados por roubo ou furto a possibilidade de ver sua pena reduzida caso cooperem com a Justiça indicando quem recebeu os objetos roubados, tem-se o objetivo de facilitar as investigações e as condenações de tais pessoas.

Capítulo XIV
O custo do crime e quem paga essa conta.

Em 20 anos, criminalidade faz Brasil perder mais de R$ 450 bi em capacidade produtiva, diz estudo (o globo)

Para além do custo em vidas humanas - custo esse que não pode ser calculado, pois, como atribuir um preço à vida humana? – há um custo inacreditável em termos financeiros para a indiferença com que nossas autoridades públicas têm tratado a questão da criminalidade. Como se pode ver na manchete acima reproduzida e que foi publicada no site do jornal O Globo em junho de 2018 nosso país empobreceu cerca de 450 bilhões de reais em 20 anos apenas por conta da criminalidade. Mesmo países muito ricos não podem se dar ao luxo de queimar tanto de suas riquezas, então, por que nosso país faz semelhante coisa?

Nosso país é pródigo em destruir suas próprias riquezas. Basta-nos lembrar do que discutimos acerca da necessidade de uma reforma administrativa, o modo como nosso país com sua cultura burocrática e administração ineficiente destrói tanto a riqueza que já existe quanto a que poderia existir.

No caso dos números absurdos da criminalidade existe ainda o aspecto das vidas humanas que se perdem e cujo valor não pode ser medido. A grande maioria dos homicídios vitimam jovens de até 34 anos. Também é de se notar que, entre essas vítimas, a maioria eram negros e pobres. Esses números demonstram que a criminalidade é um fenômeno que, ao mesmo tempo em que nasce das desigualdades sociais (aliadas a outros fatores), acentua essas mesmas desigualdades ao vitimar principalmente os jovens pobres e negros.

O combate efetivo à criminalidade pode ser encarado como uma forma de se reduzir inclusive a brutal desigualdade (iniquidade) social, pois, é fácil notar que a violência vitima sobretudo os mais pobres e mais jovens. Cada jovem desses que perde sua vida também perde todo o futuro em potencial que deveria ter seja estudando ou trabalhando. E com isso também "desfalca" sua família. Muitos desses jovens que perderam suas vidas de forma violenta deixaram pais e mães se lamentando. Mas muitos também deixaram filhos que cresceram ou crescerão sem poder contar com a figura de um pai ou mãe. Fora as cicatrizes psicológicas, o que essas pessoas deixaram de produzir poderia ter dado uma vida melhor para eles mesmos e para seus familiares.

Uma máxima jurídica brandida inclusive pelos nossos magistrados diz que o direito à vida é o mais importante direito garantido pela nossa Constituição. Se o cidadão não puder exercer esse direito, de nada valerá todos os outros direitos constitucionais. Quando nos damos conta de que a cada ano quase 60.000 brasileiros perdem suas vidas devido à criminalidade, notamos que o Estado brasileiro tem falhado miseravelmente em garantir o mais fundamental dos direitos inscritos em nossa Constituição.

E além do prejuízo financeiro monstruoso mencionado no começo deste texto, podemos notar que as riquezas que o país queima graças a esse problema é ainda maior. Esse número de 450 bilhões em 20 anos parece dizer respeito aos prejuízos causados diretamente pela criminalidade. Como sempre, devemos olhar para além do que tais números mostram. Há ainda todo um prejuízo indireto.

Por exemplo, precisamos pagar seguros de automóvel mais caros do que poderiam ser simplesmente porque é muito mais provável o carro ser roubado aqui do que em outros países. Ou temos que pagar produtos mais caros porque as empresas que os comercializam têm que repassar para os preços de seus produtos o que gasta com seguros ou que ela perde em roubos de carga. Se fossemos mensurar esses valores, aquela cifra anterior seria ainda maior. Investir em segurança pública é uma das formas que o Estado tem de gerar, de maneira indireta, riquezas.

Mas não basta apenas "gastar mais dinheiro". É preciso investir de maneira inteligente. Não basta contratar mais policiais. É preciso equipá-los adequadamente. Não basta equipá-los para prender mais criminosos. É preciso garantir que esses criminosos permaneçam na cadeia tempo suficiente para que reformulem seus modelos mentais e decidam por si mesmos abandonar a vida criminosa. Não é apenas separar os criminosos do convívio social e "esquecê-los" num lugar distante. É preciso oferecer o auxílio de que necessitam para ter condições de repensar suas escolhas de vida. O que não podemos mais aceitar são bizarrices como "saídas temporárias" da cadeia, principalmente, quando esse benefício é oferecido a presidiários que, claramente, não tem a mínima intenção de deixar a vida criminosa.

Como sempre, quem paga a conta da incompetência de nossa administração pública é o cidadão. E este trágico ser que é o cidadão brasileiro, além de ser roubado, ainda tem que pagar por isso. E sai barato quando levam apenas o seu dinheiro porque, não raras vezes, esse cidadão tem que pagar essa dívida com a sua própria vida.

Capítulo XV
No Brasil prende-se muito(?)

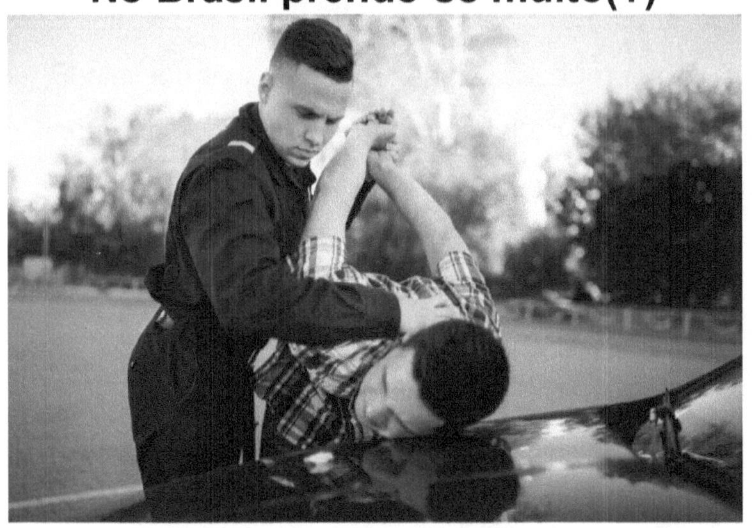

Muitos críticos do modelo penal brasileiro brandem a ideia de que nossas autoridades judiciárias prendem muito e que essa é a causa da superlotação nas penitenciárias e a origem de todos os problemas nas mesmas penitenciárias e até, quem sabe, o motivo por trás de todos os nossos problemas de segurança pública. Mas essa é uma falsa ideia. De fato, nossas autoridades prendem bastante, mas também prendem mal. Usam pessimamente uma das únicas sanções que nossas leis penais permitem que seja usada em caso de desobediência à lei.

Se considerarmos apenas as boas intenções da lei, que bom que o nosso país há muito abandonou as trevas da Idade Média e de suas penas capitais ou castigos corporais como forma institucional de punição para os desvios de conduta. Uma olhada mais atenta à realidade das nossas prisões mostra-nos que as boas intenções da lei não se materializaram no mundo real. Embora essas não sejam modalidades admitidas pela nossa lei penal, os castigos corporais e até os castigos capitais continuam sendo uma realidade presente na vida dos presos de nosso país. Basta-nos lembrar dos casos recentes de massacres como o da penitenciária Pedrinhas no Maranhão. Não é exagero retórico dizer que, em muitos sentidos, nosso sistema penitenciário é "medieval".

São casos assim que alimentam a falsa ideia de que "no Brasil prende-se muito". Associado aos números desproporcionais entre o total de presidiários e o total de vagas disponíveis nos presídios acabam por alimentar até a ideia exótica de que se deve "prender menos" como se pudéssemos dissuadir os potenciais criminosos de sua conduta apenas pedindo a eles que "tenham juízo". Criminosos (os "profissionais") não são nem loucos e nem meros irresponsáveis.

Criminosos que juntam-se em quadrilhas para assaltar bancos ou furtam/roubam rotineiramente itens como veículos ou celulares ou até caminhões de carga com toda a sua carga, são, isso sim, "empreendedores". Empreendedores do mal é claro. Criminosos assim tendem a agir de maneira calculada, meticulosa. Planejam seus crimes, pesam os "prós" e os "contras" de suas ações criminosas. Como faria um empreendedor de verdade medem os riscos e os benefícios do seu empreendimento. Não são "vítimas da sociedade" que lhes nega oportunidades nem são loucos inimputáveis. Em sua grande maioria sabem, sim, o que estão fazendo e escolhem fazê-lo, entre outras razões, porque a frouxidão das punições a que eles estão expostos acaba por ser um risco pequeno pelo qual estão dispostos a passar em troca do eventual benefício que sua ação criminosa pode lhes proporcionar. Dificilmente vão mudar sua disposição porque tem alguém pedindo encarecidamente que se comportem. Como empreendedores que são, se existe uma oportunidade disponível, eles a aproveitam. É uma veleidade achar que, em tais casos, deixar de prendê-los e submetê-los a "medidas socioeducativas" será suficiente para inibir sua conduta criminosa.

Os números, realmente, quando olhados com displicência, parecem dar razão a essa veleidade. Nosso país possui cerca de 584 mil homens e mulheres presos, segundo <u>dados</u> do Departamento Penitenciário Nacional do Ministério da Justiça (Depen/MJ). Essas pessoas estão distribuídas por cerca de **1478 estabelecimentos penais públicos.** Se todos, ou pelo menos a maioria, fossem presídios, seria ótimo. Não haveria problemas de superlotação. Só que não é assim. Desse total 821 são cadeias públicas que deveriam ser destinadas a abrigar apenas presos provisórios, ou seja, que não foram condenados ainda e que, por determinação judicial, aguardam presos o seu julgamento. Apenas 470 são presídios do fato.

Fazendo um cálculo simples, se dividíssemos o total de presos pelo total de estabelecimentos, chegaríamos a uma média de 395 presos por estabelecimento, o que nos daria a falsa ideia de que não há superlotação. Contudo, levando-se em conta que esse total de presos acaba sendo "jogado" de forma desproporcional entre os diferentes tipos de estabelecimento ao invés de serem distribuídos de forma eficiente, levando-se em conta sua situação judicial (já condenado ou ainda aguardando julgamento), seu tipo de condenação e tempo de pena (tipo de crime cometido, se violento ou não, quantos anos durará sua pena, etc.), através de todos os estabelecimentos. Sabemos que, na prática, não é o que acontece.

Na nossa triste realidade carcerária presos já condenados, e às vezes condenados por crimes muito graves como homicídio, estupro ou narcotráfico, convivem em cadeias públicas com presos que não foram condenados ainda e que, muitas vezes, são acusados de crimes leves como furto, ameaça e etc. me parece, pelo que foi exposto até aqui que o problema da superlotação não é resultado do "hábito" de nossas autoridades de prender muito e sim um problema crônico de péssima gestão administrativa do próprio sistema carcerário.

Penso que há cadeia pública demais para abrigar presos provisórios que poderiam, em muitos casos, nem permanecer presos, e presídios e outros estabelecimentos penais como colônias agrícolas ou industriais (previstas na Lei) de menos. Basta ver o total de cada tipo de estabelecimento: 821

cadeias públicas (que deveriam abrigar apenas presos sem julgamento-provisórios) e somente 470 presídios (para presos já condenados e com diferentes níveis de "periculosidade"). E há ainda menos colônias agrícolas ou industriais (que deveriam trabalhar intensamente na recuperação do preso): apenas 74 para o país inteiro.

Vamos analisar apenas um exemplo desse estado de coisas. <u>Mato Grosso</u> é o 8º colocado em número de presos sem julgamento. No estado há 10.632 detentos distribuídos em 51 unidades prisionais, que têm disponibilidade para abrigar 6.369 presos. Desse total de presos, cerca de 52% sequer foram julgados. É provável que muitos deste aguardem seu julgamento na companhia de criminosos já condenados e autores de crimes muito graves. Ou ainda, à mercê de integrantes das muitas facções criminosas que dominam as unidades prisionais em virtude da incompetência de nossos administradores carcerários. De acordo com a <u>Secretaria de Justiça do Estado</u>, em MT existem 43 Cadeias Públicas, 04 CDP (Centros de Detenção Provisória), 06 Presídios e apenas 01 (uma) Colônia Agrícola. Segundo os dados disponibilizados pela secretaria, as vagas disponíveis nos 6 presídios existentes é de 2981. Contudo, se o total de presos acima está correto e se a informação de que 52 % dessas pessoas ainda não foi condenada pela Justiça, então, 48 % já está condenada. E 48% de 10.632 é cerca de 5103 pessoas, como a colônia agrícola tem capacidade declarada de abrigar apenas 100 pessoas, onde estão os demais presos condenados?

Caso os presos provisórios mato-grossenses estivessem sendo distribuídos de forma equilibrada entre as 43 cadeias e 4 CDPs existentes, não haveria razão para se pensar em "superlotação". Vamos às contas: dos 10.632 presos do estado cerca de 5103 já estão condenados. Restam cerca de 5529 presos provisórios. Existem, portanto, 5529 pessoas pra serem distribuídas em 47 estabelecimentos adequados a sua situação (cadeias públicas e CDPs) o que daria cerca de 118 pessoas para cada estabelecimento. Vemos assim que esse tipo de estabelecimento está em um número adequado. Não vou analisar a qualidade desses estabelecimentos, suas condições sanitárias e etc. Digo apenas que seu número é mais do que suficiente. Já os 5103 condenados precisariam ser distribuídos nos 7 estabelecimentos a eles destinados. O que denota a necessidade de mais unidades deste tipo. Preferencialmente, colônias penais agrícolas e industriais. Embora, aparentemente, o estado de MT não esteja em um estado de calamidade carcerária, não nos é possível saber como os presos já condenados estão distribuídos em tais unidades. Não significando, obviamente, que as prisões existentes em MT sejam as que tem melhores condições de abrigar os presos nelas internados. Restando ainda saber o que será feito com os presos provisórios quando, eventualmente, forem condenados.

A situação acima descrita, aliada às peculiaridades do nosso Judiciário, conhecido pela sua proverbial lentidão em decidir os processos que nele chegam, essa situação tende a perpetuar-se. Mas não creio que esta seja a desculpa para prender ainda menos pessoas que deveriam, sim, ir parar atrás das grades. Não defendo que nosso sistema legal prenda mais e sim que prenda de maneira eficiente. Que afaste da sociedade pessoas que, por diferentes razões, acabam escolhendo agir de forma muito danosa para com os seus concidadãos. Pessoas, enfim, que causam diversos prejuízos à sociedade por suas ações. Não vejo sentido, por exemplo, em adotar "medidas socioeducativas" para alguém processado por integrar quadrilhas que explodem com dinamite caixas eletrônicos ou que, de arma na mão, roubam, e muitas vezes matam, por causa de um mero celular. E o que dizer dos maridos ou companheiros que matam suas esposas ou ex-esposas simplesmente porque se recusam a aceitar o fim do seu relacionamento? Pessoas assim irão ser "recuperadas" através de meras medidas "socioeducativas". Não sou tão otimista. Acreditar que um sociopata vai mudar suas ações e sua disposição mental apenas porque a Justiça o obrigou a pagar uma cesta básica para alguma instituição de caridade é abusar demais da ingenuidade.

Não é fácil, eu sei, separar os sociopatas verdadeiros dos que não o são, pessoas que tenham infringido a lei apenas por determinadas circunstancias momentâneas. Contudo, nem é preciso mudar a lei para fazer com que seja criada uma estrutura profissional capaz de fazer esse tipo de avaliação. Qualquer um que tenha se dado ao trabalho de ler a nossa Lei de Execução Penal- **LEI Nº 7.210, DE 11 DE JULHO DE 1984** (eu li) sabe que ela já prevê a existência em cada estabelecimento penal de uma Comissão Técnica de Classificação (art. 7º) presidida pelo diretor do estabelecimento e composta, no mínimo, por 2 (dois) chefes de serviço, 1 (um) psiquiatra, 1 (um) psicólogo e 1 (um) assistente social. Se esta fosse a realidade em nossos presídios, teríamos um dos melhores sistemas penais do mundo. Não é. E isso não significa que não podemos lutar para que esta passe a ser a realidade. Basta aos gestores públicos cumprirem a lei.

O que se defende na nossa proposta é que o instituto da prisão seja usada de forma efetiva e inteligente. Para isso é preciso um "choque" de gestão no nosso sistema penitenciário. Mas também é preciso ainda outras ações, como a proposta acima detalhada de facilitar a oferta e/ou acolhimento de acordo judicial entre as partes do processo penal tendente a pôr fim ao processo e proporcionar, de um lado, ao réu uma pena mais branda porém capaz de induzi-lo a evitar reincidir, e à Justiça a resolução mais rápida e barata dos processos penais que a ela chegam. Dessa forma, desafogam-se os Tribunais de seus milhões de processos sem, necessariamente, abrir mão do dever do Estado de punir o cidadão que se aventure a infringir a lei.

Obviamente, enviar os presos para nossas atuais prisões com suas condições medievais não vai ajudar. Contudo, libertar presos acusados de crimes graves como assassinato ou estupro apenas porque nossas prisões são inadequadas é uma forma de tergiversar o problema. Ao invés disso, se sabemos que o problema está nas condições insalubres das prisões, devemos é consertar essas prisões. Ver o porquê delas não funcionarem como a lei prescreve e fazer com que passem a funcionar. Fingir que o problema não existe ou procurar o "meio mais fácil" de resolver o problema não é a melhor formar de lidar com esse problema. Libertar presos autores de crimes violentos porque o Estado não consegue administrar seus estabelecimentos penais é o cúmulo da **PREGUIÇA** e da **IRRESPONSABILIDADE**. Se as pessoas que ocupam cargos com poder de decisão na Administração Pública são incompetentes demais para resolver esse imbróglio que sejam elas as enviadas a suas casas e não os assassinos, pedófilos e estupradores.

Ninguém obrigou nossos gestores públicos a estarem na posição de poder em que se encontram. Ninguém os obriga a continuarem em tais posições. Contudo, se desejam permanecer na posição em que se encontram, que façam por merecer tal honraria. Se estão ali para administrar a coisa pública, então que o façam da melhor maneira possível. Caso contrário, com a dignidade que se espera de alguém em tal situação, que se demitam, peçam para deixar os seus cargos.

QUEM SOMOS

Um projeto de País. Mais do que um projeto: um Sonho

O Projeto Muda Brasil nasce com uma ambição talvez grande demais de oferecer a este nosso país uma grande proposta de mudança. Não aquela mudança sempre prometida em qualquer campanha eleitoral desde que este nosso país existe e que nunca se concretiza porque nossos mandatários a adiam sempre, pois, não interessa a eles que essa mudança aconteça. Não importa quem sejam estes mandatários.

Esse projeto não é uma mera campanha. Nada tem a ver com eleições ou candidatos. Tem a ver (e muito) com os cidadãos deste país. Se você se considera um cidadão deste país, então, este projeto tem a ver com você. Arregace as mangas da camisa e pergunte como você pode ajudar.

Todos nós sempre sonhamos em ter uma vida melhor no futuro. Mas o futuro nunca chega. Só podemos contar com o presente. Se não trabalharmos hoje, agora, o futuro melhor que desejamos nunca chegará. Se começarmos a construir um Brasil melhor hoje, um dia teremos o país que sempre sonhamos e, estou convencido disto, um país melhor há de dar uma vida melhor a seus cidadãos. Pelo menos, oportunidades de melhorar a vida de cada um, não deixarão de existir.

ANEXOS

Obs.: os textos em vermelho correspondem às mudanças propostas.

PEC – PROPOSTA DE EMENDA À CONSTITUIÇÃO DE INICIATIVA POPULAR Nº(...)

EMENTA: inclui o artigo 101 ao TÍTULO X - ATO DAS DISPOSIÇÕES CONSTITUCIONAIS TRANSITÓRIAS

Art. 1º - Fica incluído o artigo 101º ao Ato Das Disposições Constitucionais Transitórias com a seguinte redação:

Art. 101º: fica convocado um Referendo a ser realizado no prazo de 60 (sessenta) dias contados a partir da promulgação desta Emenda constitucional no qual os eleitores brasileiros serão consultados acerca das propostas de mudanças nos artigos, incisos e alíneas desta Constituição abaixo discriminados. Os eleitores deverão responder "SIM" ou "NÃO" para cada uma das mudanças ora propostas. As mudanças aprovadas pelos eleitores serão imediatamente promulgadas e acrescentados à Constituição passando a vigorar plenamente.

I – no mesmo Referendo os eleitores deverão se manifestar a respeito das mudanças infraconstitucionais correlatas às mudanças propostas nesta emenda, em especial as mudanças na Lei 9504/97 e DECRETO-LEI Nº 3.689, DE 3 DE OUTUBRO DE 1941 cujo teor segue anexo a esta proposta de emenda à Constituição.

II - Caberá ao Tribunal Superior Eleitoral formular as perguntas a serem respondidas pelos eleitores bem como tomar as medidas necessárias para a realização do Referendo.

JUSTIFICATIVA

A presente Proposta de Emenda ao TÍTULO X - ATO DAS DISPOSIÇÕES CONSTITUCIONAIS TRANSITÓRIAS tem como objetivo dar à sociedade brasileira, aos cidadãos que trabalham para construir esse país e que pagam os impostos que garantem o funcionamento do Estado uma resposta definitiva acerca do combate à corrupção que assola a Administração Pública e corrói o tecido que forma a própria sociedade.

Nosso país tem, nos últimos anos, enfrentado um desafio enorme no que tange à postura que a Administração Pública deve ter nas suas relações com os cidadãos, os jurisdicionados. É evidente que numa sociedade saudável o Poder Público e seus gestores devem estar a serviço do cidadão. Tanto é verdade que aqueles que se dispõem a trabalhar para o Estado são apropriadamente chamados de "servidores públicos". Não é o que ocorre em nosso país. Basta-nos lembrar que, segundo estimativas, o cidadão brasileiro trabalha cerca de 5 (cinco) meses por ano para pagar os impostos que alimentarão a máquina pública.

Com semelhante nível de cobrança de impostos nosso país deveria prestar aos seus cidadãos os melhores serviços públicos do mundo. Não é o que ocorre. Nossa educação, quando comparada com o resto do mundo, está entre as piores do planeta. A saúde pública é absurdamente ineficiente. A segurança pública torna-se a cada dia uma calamidade. Nada menos que 100.000 pessoas perecem vítimas de violência urbana ou de acidentes de trânsito a cada ano em nosso país. Esses são números de países em guerra.

Em resumo, no presente momento temos um Estado caro e ineficiente. Não obstante os esforços de setores da Administração Pública em melhorar a prestação dos serviços públicos para os cidadãos, a necessidade que os gestores corruptos têm de apagar os seus rastros através da excessiva burocracia e ineficiência tem saído vencedora neste embate.

Ao efetuar as mudanças propostas nesta emenda e consultar os cidadãos através de um referendo procuramos mudar rapidamente essa sina de nosso país dando à Administração Pública, não só transparência, mas também a necessária eficiência. Com essas mudanças, espera-se fazer com que que nossa Administração Pública deixe de ser refém dos gestores mal-intencionados que visam somente obter vantagens financeiras à custa do sofrimento e da dor de toda a sociedade, em especial daqueles que pouco ou nada possuem, e que roubam do governo os recursos pagos pelos cidadãos na forma de impostos. Recursos estes que sempre fazem falta à educação, à saúde e, em especial, à segurança pública.

ANEXO I – EMENDAS QUE ALTERAM A CONSTITUIÇÃO E QUE SERÃO OBJETO DE CONSULTA POPULAR

PEC – PROPOSTA DE EMENDA À CONSTITUIÇÃO DE INICIATIVA POPULAR Nº(...)

EMENTA: Dá nova redação ao inc LVII do art 5º da Constituição Federal. Acrescenta as alíneas "a", "b" e "c" ao inciso JVII. Acrescenta o inciso LVIII a, acompanhado das alíneas "a" e "b".

CAPÍTULO I

DOS DIREITOS E DEVERES INDIVIDUAIS E COLETIVOS

Art. 5º Todos são iguais perante a lei, sem distinção de qualquer natureza, garantindo-se aos brasileiros e aos estrangeiros residentes no País a inviolabilidade do direito à vida, à liberdade, à igualdade, à segurança e à propriedade, nos termos seguintes:

(...)

LVII ninguém será considerado culpado até ser prolatada sentença penal condenatória; (...)

JUSTIFICATIVA

A presente Proposta de Emenda à Constituição tem como objetivo resgatar o caráter educativo que a lei, sobretudo, a Lei Penal deve ter. Visa ainda garantir que o cumprimento da lei seja assegurado por um Judiciário fortalecido em todas as suas instâncias. Ora, a Justiça em nosso país se organiza em diversas instâncias de julgamento, no que o nosso país acompanha a grande maioria dos países, de modo que o direito do acusado seja amplamente garantido contra erros formais, de interpretação da Lei ou até mesmo má-fé de algum julgador.

Embora esse modelo processual receba o nome técnico de "duplo grau de julgamento", não podemos confundir essa expressão com a possibilidade de "duplo julgamento" em um mesmo processo, ou seja, que um mesmo réu seja julgado duas vezes num mesmo processo. O que ocorre, na prática processual, é que haja um julgamento na instância inicial do Judiciário, por um Juiz de primeira instância, onde se apresentam provas contrárias ou favoráveis ao réu, os acusadores e defensores fazem as suas alegações e o juiz, ou o júri, prolata a sua decisão julgando o réu culpado ou inocente.

A possibilidade de se fazer recurso a instâncias superiores permite que o réu ou seus acusadores tentem reverter uma decisão que lhes seja desfavorável. Contudo, não podemos falar de um "novo julgamento" em instâncias superiores. Tanto é assim que não se admite a apresentação de provas novas num processo em grau de recurso. O que demonstra que, nas instâncias superiores, o que se discute já não é a eventual culpa ou inocência do réu e sim se o seu julgamento seguiu o rito imposto pela lei. Claro resta que a decisão que declara o réu culpado ou inocente ocorre na primeira instância de julgamento.

Naturalmente, uma decisão em instância superior pode vir a reverter uma sentença de primeira instância. Um réu a princípio considerado culpado pode vir a ser declarado inocente, ou vice-versa. Mas aí não estamos falando de uma nova sentença e sim da "reforma" de uma sentença de primeiro grau. O que mais uma vez demonstra que a culpa ou inocência do réu é decidida em primeira instância. Essa decisão é tomada por um juiz ou por um júri formado por cidadãos.

Quando o juiz prolata a sua sentença ele não o faz em seu próprio nome. Quando o juiz decide, ele o faz em nome da sociedade que o investiu em tal poder. Portanto, quando o juiz declara a culpa ou a inocência do réu, não é o juiz quem está falando e sim a sociedade. Tanto é assim que, caso um juiz tenha algum tipo de relação com o réu ou algum tipo de interesse no resultado do julgamento, ele deve declarar a sua "suspeição" para julgar aquele caso em particular.

Essa obrigação de se declarar "suspeito" reforça a tese de que o juiz não fala em seu próprio nome e sim em nome da sociedade. Portanto, quem declara o réu culpado ou inocente não é o juiz e sim a sociedade. E esse fato de modo algum impede que as partes, sentindo que seu direito tenha sido prejudicado recorra a instâncias superiores. Nas instâncias superiores, como dito, verifica-se a regularidade do processo e não a culpa ou inocência do réu porque esta já está decidida desde o julgamento em primeira instância.

É natural que num sistema, mesmo no melhor dos sistemas judiciários, possa ocorrer erros. E são esses erros das instâncias inferiores que as instâncias superiores têm a missão de corrigir. Mas um erro deve ser sempre uma exceção à regra e não a própria regra. Tal como disposto no nosso atual ordenamento jurídico fica a impressão de que o erro na primeira instância é sempre a regra e não a exceção.

Portanto, a presente proposta tem o objetivo de assegurar que a voz da sociedade venha a ser ouvida como se deve. A muralha que separa o homem moderno da selvageria e a barbárie reside no respeito às leis que regem a sociedade. Ao judiciário cabe a interpretação da lei e sua aplicação nos casos concretos que lhe chegam. É o judiciário, em especial sua primeira instância, o guardião dessa muralha. Quando um cidadão deste país viola a lei, rompe-se com o seu gesto uma grande fissura nessa muralha legal. Com isto corremos o risco de vislumbrar pela fissura uma visão da barbárie que não deveria mais nos assombrar há milênios.

Basta ver os noticiários, nas estatísticas aterradoras da violência a que estão sujeitos os nossos cidadãos, e nós mesmos que também somos cidadãos. Nada menos que 100.000 brasileiros perdem sua vida a cada ano. Esse número demonstra que não há em nosso país o devido respeito à lei. O que nos deixa à mercê da barbárie e da selvageria. Não se trata de penalizar o cidadão de bem que pode, eventualmente, ser vítima de erros e sim de persuadir o cidadão que, eventualmente, pode se sentir tentado a empreender uma vida criminosa por acreditar que a brandura do sistema legal vai lhe favorecer, a manter o devido respeito às leis.

As leis existem para regular as relações que os cidadãos mantêm uns com os outros. No caso da lei penal em particular deve haver uma união entre o seu caráter punitivo (que ocorre quando a lei é aplicada após o delito ser cometido) com um caráter preventivo que se materializa quando a lei surte o efeito de persuadir o potencial criminoso a refrear suas intenções criminosas. Esse caráter preventivo da lei só ganha efetividade quando o potencial criminoso tem a certeza de que a punição é inevitável e não demorará a se materializar,

Naturalmente, mesmo quando há a previa certeza da culpabilidade do réu, seja pelo mesmo ter confessado o seu crime, seja por ele ter sido preso em flagrante, o mesmo tem direitos que devem ser resguardados. Dentre esses direitos está o de recorrer de sua condenação a instâncias superiores. Mas como dito anteriormente, eventual recurso não discute a culpa ou a inocência do réu e sim detalhes do processo que podem ou não mudar sua sentença. Sentença que é decidida na primeira instância.

É evidente que todas as instâncias da justiça têm igual importância. Mas cada uma delas exerce diferente papel no processamento de condenações criminais. Se a primeira instância não tem importância ou não é digna da confiança de que gozam as instâncias superiores, melhor seria extinguir essa instância da Justiça e concentrar todos os processos nas demais instâncias. O que, aliás, devido ao absurdo número de recursos, vem acontecendo na prática. Basta comparar os números de processos julgados pelo nosso STF com a Suprema corte dos EUA. Em 2013 o STF julgou nada menos do que 85.000 (oitenta e cinco mil) processos. A Corte americana julgou cerca de 80 (O Globo, 21/08/2014). Há mais justiça no Brasil do que nos EUA? Nossa Justiça é mais eficiente que a americana? Sabemos que não. É de se notar que naquele país, berço da democracia moderna, modelo não só para o nosso país mas para muitos outros, o julgamento de primeira instância tem seu valor reconhecido e o cumprimento da sentença é imediato. Podemos dizer que o nosso país é mais "civilizado" que o americano? Os números de violência que nos aflige demonstram que é provável que não.

Os altíssimos índices de violência que afligem os cidadãos de nosso país demonstram que há um erro fundamental em nossa legislação. Esse erro pode ser entendido como a noção de que existem níveis "aceitáveis" de delinquência. Como se a própria lei dissesse que é permitido transgredi-la desde que não se ultrapasse algum limite. Obviamente não é assim. Pode parecer uma conquista civilizatória a noção expressa no inciso LXII de nossa CF. Mas é uma falsa conquista porque desconsidera o imponderável da condição humana. Aquela capacidade que o ser humano tem de fazer escolhas. Naturalmente, tendemos a fazer boas escolhas. Contudo, é recorrente o fato de que certas pessoas fazem escolhas erradas ainda que isso prejudique a elas mesmas e aos seus semelhantes.

Existe também a noção de que "todos são inocentes até prova em contrário", esta sim uma verdadeira conquista e que não contraria a presente proposta. Afinal, quando há uma sentença penal condenatória, é porque existem provas suficientemente convincentes de que o réu deixou de ser considerado inocente do crime de que é acusado.

Claro que existem criminosos que podem ser portadores de graves distúrbios mentais. Mas tais criminosos poderiam não ser considerados responsáveis por seus atos. É forte a sensação de que a maioria dos que engendram uma carreira criminosa nada tem de perturbados. Na verdade, esses criminosos agem como verdadeiros "empreendedores do crime" planejando seus crimes e pesando os prós e os contras de suas ações criminosas e também os custos e potenciais lucros do crime a ser cometido. Tais criminosos não podem ser considerados como "não responsáveis" por seus atos. Eles têm plena consciência de que seus atos contrariam a lei. Não faz sentido, em especial nos casos em que o criminoso é flagrado no ato de cometer o seu crime. Semelhantes criminosos poderiam repensar suas ações se tivessem em mente que a resposta da sociedade por meio da justiça pode ser, não só garantida mas, também rápida.

Como dito anteriormente, a lei tem diversos aspectos. Tem não só o aspecto de reprimenda ao ato cometido, mas também o aspecto preventivo dando ao potencial criminoso a certeza de que sua punição será certa. Quando além de certeira a reprimenda for também rápida, com certeza, nossos "empreendedores do crime" podem pensar melhor e desistir do seu empreendimento criminoso.

Art. 3º EMENTA: Dá nova redação ao § 3º, do artigo 14 da Constituição Federal. Acrescenta o inciso III, acompanhado de uma alínea "a", e renumera os seguintes. Dá nova redação ao artigo 5º e inclui ao referido artigo os incisos I e II.

§ 1º o artigo 14, § 3º passa a vigorar com a seguinte redação:

Art. 14º

(...)

§ 3º São condições de elegibilidade, na forma da lei:

I - a nacionalidade brasileira;

II - o pleno exercício dos direitos políticos;

III – Reputação Ilibada

b) Lei disporá sobre os requisitos para comprovação desta condição, bem como de outros requisitos para registro de candidaturas.

IV - o alistamento eleitoral;

V - o domicílio eleitoral na circunscrição;

VI - a filiação partidária; Regulamento

VII - a idade mínima de:

a) trinta e cinco anos para Presidente e Vice-Presidente da República e Senador;

b) trinta anos para Governador e Vice-Governador de Estado e do Distrito Federal;

c) vinte e um anos para Deputado Federal, Deputado Estadual ou Distrital, Prefeito, Vice-Prefeito e juiz de paz;

d) dezoito anos para Vereador.

(...)

§ 5º Os ocupantes de cargos eletivos poderão se candidatar 01 (uma) vez à reeleição para o cargo que ocupam.

I – Ficam inelegíveis para o mesmo cargo até então ocupado, pelo prazo de 10 (dez) anos, aqueles que tiverem exercido mandato eletivo de qualquer natureza.

II – Os que forem enquadrados no inciso anterior poderão se candidatar a cargo eletivo diferente daquele que ocupavam durante o referido prazo de inelegibilidade.

(...)

A presente Proposta de Emenda à Constituição tem como objetivo garantir a efetividade do princípio constitucional da moralidade que deve, sempre, nortear os rumos da administração pública. Ao exigir que os pretensos candidatos a cargos eletivos demonstrem com certidões que os mesmos não respondem, no momento do registro de candidatura, a processos criminais, sobretudo processos por crimes contra a própria administração pública, não, necessariamente, afastamos o direito (interesse particular) do indivíduo de disputar cargos eletivos, apenas colocamos como exigência básica, que, sobre esse mesmo indivíduo, não pese nenhuma suspeita de que tenha praticado crimes. Colocamos, assim, em uma perspectiva superior, o interesse público em relação ao interesse particular. Interessa a toda a sociedade (interesse público) que, sobre aqueles que exercem alguma atividade em cargos eletivos, não pese qualquer suspeita de que tenha praticado atividades ilegais.

É lição básica de direito público o princípio da supremacia do interesse público sobre o particular. É fato que interessa ao indivíduo exercer o seu direito de se candidatar a um cargo eletivo, mas interessa mais à sociedade, tomada como um todo, que sobre aqueles que exercem uma atividade tão delicada e tão fundamental quanto um cargo eletivo. Afinal, são as autoridades eleitas que definem os rumos da administração pública, celebram contratos e gastam o dinheiro que o Estado retira do bolso dos cidadãos na forma de impostos. É fato que os ocupantes de cargos eletivos têm em suas mãos a chave dos cofres públicos. Exercem, portanto, uma atividade sagrada, caso pudéssemos comparar a administração pública a uma instituição religiosa. É direito de todo cidadão votar em um pretenso candidato tendo a convicção de que sobre o mesmo não paira nenhuma suspeita a respeito de sua probidade.

Não se trata de pré-julgamento ou condenação antecipada como poderiam alegar alguns. Afinal, compete somente à instância da Justiça onde correr o processo julgar se uma pessoa é culpada ou inocente e, eventualmente, condená-la caso a julgue culpada. O que se pede aqui, é que a pessoa fique interditada para o exercício daquela atividade tão nobre e fundamental que é o mandato eletivo pelo tempo que durar o processo. Sendo extinto o processo e a pessoa julgada inocente, ou tendo cumprido a sua sentença e não incorrendo nas hipóteses de inelegibilidade, fica a pessoa liberada para concorrer a mandato eletivo nas eleições seguintes. O que não pode continuar a acontecer neste país, é uma pessoa ter contra ela um, dois ou até cem processos criminais correndo contra ela e, mesmo assim, conseguir registrar sua candidatura e, eventualmente exercer o seu mandato eletivo até a sua definitiva condenação.

Já a alteração proposta para o disposto no § 5º do mesmo artigo tem como objetivo limitar a possibilidade de reeleição a cargos eletivos sem impedir completamente essa possibilidade. De uma forma inédita, pretende-se evitar que determinadas pessoas ou grupos de pessoas eternizem-se num determinado cargo eletivo (vereadores, deputados e senadores, p.ex.) e assim dificultem a necessária renovação dos quadros políticos que refrigera e fortalece a democracia. É de se notar que a proposta veda a reeleição indefinida para o mesmo cargo mas não impede que uma mesma pessoa se candidate a um cargo diferente. Desse modo, não há embaraço para aquelas pessoas que sentem em si a verdadeira vocação para a vida política e que pretenda construir uma "carreira" política.

São estas, nobres parlamentares, as razões apresentadas para a implementação das mudanças propostas nesta PEC.

Art. 4º - Altera o art 37. Dá nova redação aos incisos II e XXI. Acrescenta as alíneas "a" ao inciso I, "a", "b", "c" e "d" ao inciso II; e as alíneas "a" e "b" ao inciso XXI. Acrescenta, também, ao artigo 37 o inciso XXIII e sua Alínea "a".

§ 1º o artigo 37, inc. I passa a vigorar com a seguinte redação:

Art. 37. A administração pública direta e indireta de qualquer dos Poderes da União, dos Estados, do Distrito Federal e dos Municípios obedecerá aos princípios de legalidade, impessoalidade, moralidade, publicidade e eficiência e, também, ao seguinte: (Redação dada pela Emenda Constitucional nº 19, de 1998)

I - os cargos, empregos e funções públicas são acessíveis aos brasileiros que preencham os requisitos estabelecidos em lei, assim como aos estrangeiros, na forma da lei

> *a) A Lei definirá, caso a caso, quais são os cargos, empregos ou funções públicas que exercem Atividade Exclusiva de Estado.*

§ 2º o artigo 37, inc. II passa a vigorar com a seguinte redação:

II - a investidura em cargo ou emprego público, DEFINIDO EM LEI COMO SENDO DE ATIVIDADE EXCLUSIVA DE ESTADO, depende de aprovação prévia em concurso público de provas ou de provas e títulos, de acordo com a natureza e a complexidade do cargo ou emprego, na forma prevista em lei, ressalvadas as nomeações para cargo em comissão declarado em lei de livre nomeação e exoneração

> *a) – Ficam convertidos em Postos de trabalho os demais cargos e funções públicas à medida em que ficarem vagos.*
>
> *b) - É facultado ao Administrador Público prover os Postos de trabalho, mencionados na alínea anterior, diretamente, por meio de*

processo seletivo simplificado, ou delegar este provimento à empresa especializada no fornecimento de mão de obra qualificada. Em qualquer dos casos, os contratos de trabalho não poderão ultrapassar 05(cinco) anos sem que haja novo processo seletivo ou nova licitação para contratação de empresa, aplicando-se a essas contratações, o disposto no inciso XXI e suas alíneas "a" e "b".

c) *A primeira contratação, quando se tratar de processo seletivo, será pelo prazo de 01 (um) ano sendo tal contrato renovado anualmente até o limite de cinco anos. Cada renovação será precedida de uma avaliação de desempenho e produtividade. Não sendo aprovado, o funcionário será substituído.*

d) *Quando se tratar de funcionário fornecido por empresa especializada, a avaliação de desempenho e produtividade será feita em conjunto entre a instituição e a empresa contratada. Caso não seja aprovado, o funcionário será substituído.*

III - o prazo de validade do concurso público será de até dois anos, prorrogável uma vez, por igual período;

§ 3º o artigo 37, inc. XXI passa a vigorar com a seguinte redação:

XXI ressalvados os casos especificados na legislação, as obras, serviços, compras e alienações serão contratados mediante processo de licitação pública, com editais e demais documentos publicados em língua portuguesa e em, pelo menos, mais um idioma estrangeiro, preferencialmente, a língua inglesa, que assegure igualdade de condições a todos os concorrentes, com cláusulas que estabeleçam obrigações de pagamento, mantidas as condições efetivas da proposta, nos termos da lei, a qual disporá sobre as exigências de qualificação técnica e econômica indispensáveis à garantia do cumprimento das obrigações, bem como, disciplinará a contratação de seguro fiança para garantir o cumprimento do contrato por ambas as partes.

a) são nulas para todos os efeitos as contratações de que tratam este inciso quando forem obtidas por meio de fraudes e outras condutas criminosas por parte de agentes públicos e participantes do certame ou processo, respondendo civil e criminalmente os autores da conduta criminosa, sendo condicionada a obrigação de ressarcir o estado pelos prejuízos causados, por parte dos envolvidos, qualquer benefício que a lei dispuser em favor dos réus.

b) responde por omissão a autoridade que, mesmo não participando da conduta criminosa, comprovadamente ciente dela, nada fizer para contê-la.

§ 4º ao artigo 37 fica incluído o seguinte inciso:

XXIII - responde de forma solidária, administrativa/política/criminal, a autoridade eleita que nomeou a pessoa para ocupar Cargo em comissão ou função comissionada, de livre nomeação e exoneração, mencionados no inciso II deste artigo, sendo considerados como emanados da própria autoridade nomeante os atos praticados no cargo ou função pelo nomeado.

a) é facultado à autoridade pública responsável extinguir os cargos em comissão e as funções comissionadas ou transformá-los em cargos de função condicionada. Esses cargos de função condicionada não dependem de nomeação assinada por autoridade eleita e devem ser ocupados, preferencialmente, por servidores da carreira na qual se inserem, escolhidos por ordem de merecimento, apurada após cada avali-

*ação de desempenho e produtividade. É condi-
ção, para nomeação a estes cargos, não estar
respondendo a processo administrativo disciplinar ou processo criminal.*

JUSTIFICATIVA

A presente Proposta de Emenda à Constituição tem como objetivo dar maior dinamismo à Administração Pública nas suas três esferas (federal, estadual e municipal) municiando os administradores públicos com ferramentas que garanta não só a continuidade da prestação de serviços públicos, mas também sua qualidade. Visa também, efetivar a implementação dos princípios constitucionais, em especial os princípios da Moralidade e da Eficiência.

Ao definir de maneira clara o que são cargos que exercem atividades exclusivas de estado, que só podem ser providos por meio de concurso público e estão submetidos ao Estatuto do Servidor Público, e aqueles que não exercem tais atividades e que podem ser providos de outras formas e não estão sujeitos ao estatuto. Dessa forma, espera-se que os administradores públicos passem a ter uma certa margem de manobra e possam dimensionar a mão-de-obra de acordo, não só, com a necessidade do momento, mas também com a verba disponível.

Ao esclarecer o que são cargos de confiança e quais são as responsabilidades de quem nomeia e de quem é nomeado para esses cargos, busca-se evitar que tais cargos, instrumentos necessários à boa administração pública, sejam indevidamente usados como moeda de troca e porta de entrada para a corrupção.

Alterando a redação do inciso XXI e incluindo as alíneas "a" e "b" buscamos moralizar as contratações feitas pelos agentes públicos em nome da administração. Dessa forma, espera-se impedir os preciosos recursos públicos sejam desviados de seus objetivos.

Ao inserir no artigo 37º o inciso XXIII e sua alínea "a" busca-se reforçar na mente das autoridades públicas eleitas ou nomeadas para cargos de confiança a noção de responsabilidade a qual eles estão submetidos evitando, assim, que se desviem de sua finalidade ou cometam atos criminosos contra a administração pública e, em última instância, contra os cidadãos deste país.

São estas, nobres parlamentares, as razões apresentadas para a implementação das mudanças propostas nesta PEC.

Art. 5º - Altera o art 29. Dá nova redação aos incisos I e II e acrescenta os §§ 1º e 2º.

(...)

Dos Municípios

Art. 29. O Município reger-se-á por lei orgânica, votada em dois turnos, com o interstício mínimo de dez dias, e aprovada por dois terços dos membros da Câmara Municipal, que a promulgará, atendidos os princípios estabelecidos nesta Constituição, na Constituição do respectivo Estado e os seguintes preceitos:

I eleição do Prefeito e dos Vereadores, para mandato de quatro anos, mediante pleito direto e simultâneo realizado em todo o País;

> d) A eleição para vereadores será somente nos municípios com mais de 100 mil habitantes.
>
> e) É facultado, nos municípios com menos de cem mil habitantes, a criação de Conselho Administrativo formado por representantes dos cidadãos.
>
> f) É vedado o repasse de recursos públicos, em qualquer hipótese, para o conselho de que trata a alínea anterior.

II eleição do Prefeito realizada no primeiro domingo de outubro do ano anterior ao término do mandato dos que devam suceder, aplicadas as regras do art. 77, no caso de Municípios com mais de duzentos mil eleitores;

III posse do Prefeito no dia 1º de janeiro do ano subsequente ao da eleição;

> IV para a composição das Câmaras Municipais, será observado o limite máximo de:
>
> c) 7 (sete) Vereadores, nos Municípios de 100.000 (cem mil) até 300.000 (trezentos mil) habitantes;
>
> d) O número de vereadores descrito na alínea anterior será incrementado em mais 2 (dois)

vereadores para cada 200.000 (duzentos mil) habitantes até o limite de 55 (cinquenta e cinco) Vereadores.

§ 1º. Nos municípios em que houver eleições para vereadores, a cidade será dividida em distritos conforme o número de vereadores a serem eleitos. Cada distrito elegerá 1 (um) vereador para a câmara municipal.

I Lei disporá sobre a divisão e funcionamento dos distritos.

§ 2º Nos municípios em que não houver câmara de vereadores, o orçamento anual e a prestação de contas do exercício anterior serão homologados pela assembleia legislativa do respectivo Estado após análise técnica e parecer do Tribunal de Contas do Estado.

> *b) Quando houver um Conselho Administrativo de Cidadãos, o orçamento anual e as contas serão submetidas ao conselho antes de serem remetidas ao TCE. O conselho se manifestará recomendando a homologação ou a rejeição do orçamento ou prestação de contas.*

§ 3º Não havendo Câmara Municipal de Vereadores qualquer cidadão que esteja registrado como eleitor no respectivo município, bem como a Prefeitura Municipal, são partes legítimas para apresentar projetos de leis. As Leis municipais entrarão em vigor somente após serem referendadas por votação direta pelos eleitores do município, preferencialmente no mesmo dia em que houver eleições municipais ou gerais.

> *b) Havendo fundamentadas razões, a Prefeitura do Município poderá emitir decreto convocando Referendo extemporâneo para submeter à aprovação ou rejeição, por parte dos eleitores, de leis consideradas urgentes e inadiáveis.*

JUSTIFICATIVA

          A presente Proposta de Emenda à Constituição tem como objetivo garantir o que preconiza os Princípios Constitucionais da Administração Pública, em especial, no âmbito da Administração Municipal. É de conhecimento geral que nos últimos 2 anos (2016 e 2017) nosso país, em especial as administrações públicas nas 3 esferas de governo, vem passando por uma crise fiscal e orçamentária que tem obrigado nossos governantes a, não só, cortar muitos gastos como também a elevar em muitos casos a já extremamente alta carga tributária que pesa sobre os ombros dos nossos cidadãos. A citada crise tem sido particularmente severa para os governos estaduais e municipais que, em alguns casos, tem impedido até mesmo o pagamento de salários dos funcionários públicos e a realização dos serviços mais básicos em prol dos cidadãos.

          A primeira-ministra MARGARET THATCHER disse em discurso no parlamento britânico: "*não existe dinheiro público, mas somente dinheiro dos pagadores de impostos*". Thatcher também disse nesse mesmo discurso que: "*Nenhuma nação jamais se tornou próspera tributando seus cidadãos além de sua capacidade*". Essas duas verdades demonstram que aumentar a já pesada carga de tributos que cai sobre os cidadãos brasileiros não é a melhor saída para resolver a crônica crise que abate nossa administração pública não só nos últimos 2 anos mas sim há décadas. Apesar de nosso país ter uma das mais altas cargas tributárias do mundo, existem mazelas que não são resolvidas porque sempre falta recursos, especialmente nas administrações municipais. Para ficar num exemplo cerca de 50% dos cidadãos brasileiros não contam com esgoto sanitário, mesmo tendo se passado quase 2 séculos desde que nosso país deixou de ser uma colônia e se tornou uma nação independente. Isso demonstra que, embora existam os recursos, eles não são corretamente administrados.

          Evidentemente, como nos mostra Margareth Thatcher, elevar os impostos não resolverá o problema. Administrar bem os recursos que o governo coleta de seus cidadãos é uma forma melhor de solucionar esse nó. E cortar custos desnecessários é uma das melhores formas de se administrar o dinheiro disponível.

Nada menos que 93% dos municípios do Brasil tem menos de 100.000 habitantes. Dos 5570 municípios do Brasil somente cerca de 390 tem mais de 100.000 habitantes. Entretanto, todos os municípios contam com uma estrutura parlamentar representada pela câmara de vereadores e que tem um custo maior do que grande parte dos municípios poderiam suportar sozinhos. Essa estrutura tem custo. Esse custo é pago com o dinheiro dos impostos que sai do bolso dos cidadãos. Esse é um gasto público que na grande maioria das vezes não se justifica. O dinheiro dos impostos seria melhor investido se fosse gasto em prol dos moradores dos municípios.

Vamos tomar como exemplo a cidade de SERRA DA SAUDADE, tida como o menor município do país, tem 825 habitantes. Sua Câmara de Vereadores conta com 9 vereadores. Fazendo um cálculo simples concluímos que cada vereador representa pouco menos de 100 habitantes do município. Se comparássemos com uma cidade como São Paulo, que tem cerca de 12 milhões de habitantes, e mantivéssemos a relação entre o número de vereadores e o número de cidadãos que cada um deve representar, então a Câmara municipal de São Paulo deveria ter 120.000 vereadores. Seria, naturalmente um grande absurdo.

Uma cidade que tem menos de 1000 habitantes conseguiria resolver suas demandas simplesmente reunindo a parcela da população maior de 18 anos em um ginásio ou numa escola, por exemplo. Já para reunir 120.000 vereadores seriam precisos 3 estádios de futebol. O que se demonstra com isso é que é possível resolver as demandas de pequenos municípios sem precisar mobilizar recursos públicos para manter uma estrutura legislativa quando é possível estimular a participação direta da população civilmente capaz.

Existem no país atualmente cerca de 57.000 vereadores. Não é fácil obter dados sobre esse enorme contingente (apesar da Lei nº 12.527/2011, conhecida como Lei de Acesso à Informação). Contudo, pode-se afirmar que o salário de um vereador pode variar entre R$ 5.621,39 e R$ 21.080,21. Mas o salário não é o único gasto que precisamos avaliar. Existem ainda os gastos com carros oficiais, assessores e muitos outros "penduricalhos" que aumentam exponencialmente o custo desta estrutura. Num caso extremo (São Paulo) o total de repasses para cada vereador pode chegar a R$ 156.724. mesmo que admitamos que uma média bem mais baixa, digamos, R$ 35.000 de repasse mensal por vereador, multiplicando esse valor pelo número de vereadores chegaríamos a um total de R$ 1.995.000.000 a cada mês. Anualizando esse valor, chegaríamos a um impressionante total de R$ 23.940.000.000. se investíssemos apenas esse valor em rede de esgoto por exemplo, poderíamos zerar em pouco tempo o déficit que os municípios brasileiros apresentam. Se dividíssemos esse valor anual igualmente entre os 5570 municípios existentes no Brasil, caberia a cada um o valor de R$ 4.298.025,14. Esse valor pode parecer pouco, e realmente é se pensarmos em uma cidade enorme como São Paulo, contudo, para um município pequeno como SERRA DA SAUDADE pode fazer uma grande diferença.

A presente proposta tem como objetivo, de um lado, otimizar a relação custo-benefício no que se refere à manutenção de uma estrutura oficial legislativa na esfera municipal, espera-se manter tal estrutura somente nos casos em que a representatividade dos segmentos da sociedade local compensem os gatos em dinheiro público, de outro lado, espera-se estimular a participação direta dos cidadãos dos municípios pequenos incentivando-os a reunirem-se em associações e grupos de interesse que ajudem a fiscalizar diretamente os atos do poder executivo local. São estas as razões da apresentação da presente proposta de emenda à constituição.

Introduz o Artigo 145A, 145B, 145C, 145D, 145E e 145F, bem como seus respectivos incisos e alíneas, todos da Constituição Federal

Art. 145A - A arrecadação de recursos para sustentar o funcionamento da Administração Pública, bem como para financiar as políticas públicas de Estado e de Governo será feita por meio de um Sistema de Tributação Nacional unificado e vertical e que terá como base os municípios e como topo a União.

I – a arrecadação de recursos financeiros pela administração pública terá, na medida do possível, caráter nacional e unificado, mesmo quando a nomenclatura dos diferentes tipos de tributos e suas alíquotas forem diferentes.

II - Deverá a administração adotar medidas tendentes a facilitar a compreensão e o acompanhamento da arrecadação por parte do contribuinte. Tais medidas podem incluir, mas não se limitar apenas a, padronizar a nomenclatura utilizada na documentação fiscal, bem como na legislação, documentos orçamentários e de planejamento e execução de obras e compras públicas em todo o território nacional.

§ 1º Caberá à União a edição de normas gerais e regulamentos relacionados à matéria tributária, bem como a criação e majoração de impostos, contribuições e tributos que tenham caráter nacional.

§ 2º Caberá aos Estados a edição de normas e regulamentos relacionados à matéria tributária no âmbito de sua jurisdição, bem como a administração de impostos, contribuições e tributos arrecadados em todos os municípios que compõem o seu território.

§ 3º Caberá aos municípios a efetiva arrecadação dos tributos, contribuições e impostos por meio de uma unidade de arrecadação de âmbito municipal. À unidade de arrecadação municipal caberá a relação direta com o contribuinte tanto pessoa física quanto pessoa jurídica.

Art. 145B - Cada ente administrativo (Federal, estadual e municipal) deverá criar uma conta única, no âmbito de suas administrações para o crédito e a movimentação dos recursos arrecadados.

§ 1º o produto da arrecadação deverá ser depositado diretamente na conta correspondente a cada ente administrativo na seguinte proporção:

I – 40% para o município que efetua a arrecadação

II – 30% para o Estado onde se localiza o município mencionado no inciso anterior.

II – 30 % para a União.

§ 2º É facultado aos entes administrativos criarem fundos tributários de amparo mútuo em caso de emergências.

§ 3º - Ao município compete o planejamento e a execução de gastos dos recursos arrecadados em sua circunscrição sendo, porém, possível a celebração de acordos e convênios com a administração pública estadual ou federal para a realização de obras, compras ou prestação de serviços aos cidadãos.

§ 4º Aos estados compete o planejamento e a execução de gastos dos recursos arrecadados em sua circunscrição para promover a integração e o progresso econômico e social dos seus municípios.

§ 5º À União compete o planejamento e a execução de gastos dos recursos arrecadados em todo o território nacional para promover a integração e o progresso econômico e social dos estados e municípios que a compõe.

Art. 145C - Caberá à Administração Pública como um todo adotar medidas e criar condições que facilitem ao contribuinte não só o pagamento dos tributos devidos, mas também a compreensão de todo o processo de arrecadação. Para isso, as autoridades públicas deverão investir recursos e esforços tendentes a informatizar a arrecadação de tributos, além de simplificar os métodos de cálculo e disponibilizar meios de pagamento que sejam facilmente acessíveis ao contribuinte.

I – caberá, ainda, à administração pública, por meio de funcionários habilitados e sistemas informatizados, calcular o montante dos impostos, em especial os impostos que incidam sobre o consumo, e disponibilizar essa informação para as pessoas jurídicas por meio da Internet de modo a permitir exatidão e celeridade na emissão de notas fiscais e acompanhamento da arrecadação por parte do contribuinte.

II – uma vez implementado o sistema de cálculo descrito no inciso anterior, ficam as empresas obrigadas a adotar meios de integrar seus sistemas de controle à nova sistemática de emissão de notas fiscais.

Art. 145D - Fica criado, em substituição a todas as contribuições e tributos que atualmente são arrecadados sobre a folha

de pagamento, o Imposto sobre Movimentações Financeiras.
Tal imposto terá a finalidade exclusiva de facilitar a arrecadação dos tributos e contribuições incidentes sobre a folha de pagamento dos empregados exceto o imposto de renda retido na
fonte devido por parte do trabalhador quando for o caso. O
produto da arrecadação de tal imposto não poderá ter destinação diversa da que hoje tem os impostos que vierem a ser por
ele substituídos.

I – as contribuições relativas aos direitos individuais
dos trabalhadores, tais como fundo de garantia, décimo terceiro salário e férias que hoje ficam retidos diretamente na folha de pagamento deverão ser depositados em uma conta bancária especial e individual aberta em nome do trabalhador
quando de sua primeira contratação formal.

c) Lei complementar regulamentará a criação
da conta referida no inciso além de estipu-
lar as condições de sua movimentação por
parte do trabalhador, tais como as hipóteses em que são permitidos saques de referida conta.

d) Referida conta deverá ser gerida pelo próprio trabalhador de forma semelhante a
uma conta de movimentações financeiras
de investimentos mas com limitações defi-
nidas em lei para o saque do seu saldo.

Art. 145E - é facultado a estados e municípios criar, nos limites
de suas respectivas circunscrições, impostos e contribuições
temporárias destinadas exclusivamente à realização de obras
de infraestrutura permanente tais como rede esgotamento sanitário e asfaltamento ou duplicação e pavimentação de estradas estaduais, desde que consultada antecipadamente a respectiva população por meio de referendo após a apresentação
de planos e orçamento além de uma projeção do impacto da

obra na vida dos cidadãos e de quanto tempo será necessária a cobrança de tal imposto.

Art. 145F - Em consonância com o princípio da Eficiência, poderão os municípios que guardarem relações de proximidade e afinidades regionais firmar convênios e formar consórcios intermunicipais tanto para a execução de obras quanto para a realização de compras e outras contratações de interesse do Poder Público.

I – na esfera Estadual os governos estaduais poderão firmar semelhantes acordos visando a integração e o desenvolvimento regional.

II – o disposto no caput também poderá ser adotado pela administração pública municipal e estadual nas hipóteses de concessão ou outorga à iniciativa privada dos serviços públicos prestados aos cidadãos como serviços de coleta e tratamento de esgoto sanitário, tratamento e distribuição de água potável, implementação de rede de comunicação e dados, sistemas de transporte municipais e intermunicipais entre outros.

Art. ____ - O imposto sobre a renda terá sua arrecadação sob a responsabilidade da Administração Pública Federal e o produto dessa arrecadação será compartilhado com as administrações estaduais e municipais em proporção definida em lei.

I – lei definirá as alíquotas que incidirão sobre a base de cálculo constituída pelos rendimentos do contribuinte e que não poderá ser inferior ao equivalente a 2 salários mínimos. Tal base será reajustada anualmente e as alíquotas variarão de 7,5% a 37,5%.

d) A mesma lei que definir as alíquotas também definirá as hipóteses de deduções sobre a base de cálculo do IR além das restituições permitidas, tais como gastos com saúde, educação, segurança e outros serviços equivalentes aos que são responsabilidade legal do poder público.

e) A administração pública envidará esforços para, sempre que possível, substituir a arrecadação de tributos incidentes sobre o consumo pela arrecadação de tributos sobre a renda.

f) C) as deduções e restituições de que trata a alínea "a" terão, além de seus objetivos tradicionais, o objetivo de incentivar os cidadãos a investir seus recursos próprios na promoção de saúde preventiva, tais como consultas regulares, planos de saúde e exames anuais, além de educação, em especial a formação, qualificação, requalificação e atualização profissional.

JUSTIFICATIVA

A presente Proposta de Emenda à Constituição tem como objetivo dar maior eficiência e dinamismo na arrecadação dos recursos financeiros necessários à Administração Pública nas suas três esferas (federal, estadual e municipal) para sustentar as estruturas administrativas e também realizar investimentos indispensáveis à promoção do progresso da Nação e ao bem-estar dos cidadãos.

Uma das maiores amarras ao crescimento econômico e a justa distribuição da renda em nosso país reside no seu confuso e ineficiente sistema de cobrança de taxas e tributos por parte das administrações públicas. Essa proverbial ineficiência talvez explique o paradoxo brasileiro que reside no fato de que nosso país figure entre os países que tem as mais altas cargas tributárias do mundo e, ao mesmo tempo, a falta de recursos financeiras à administração pública para praticamente tudo. Temos prisões que escandalizariam até inquisidores da Idade Média porque (supostamente) faltam verbas para sua reforma e modernização. A saúde pública chega em certos momentos a parecer desumana – afinal, são comuns os casos em que pessoas morrem na fila de espera para atendimento e realização de exames, mesmo se a pessoa é portadora de doenças graves como câncer – porque (supostamente) não tem verba. Até mesmo uma contribuição "provisória" para a saúde. Não deu certo porque os administradores usavam o dinheiro de todas as formas possíveis menos para financiar a saúde.

E, no entanto... em 2018 a carga tributária em nosso país é de 33,6% do PIB. Não é pouco dinheiro. Significa que passa pelas contas do governo a cada ano cerca de um terço da riqueza produzida em nosso país. Em números temos que o pib é de cerca de R$ 6.600.000.000.000,00. A arrecadação média e de R$ 2.217.600.000.000,00. Bem administrado, esse dinheiro poderia até suprir as necessidades de recursos dos entes da administração pública. Sabemos que não é. E tem ainda um outro aspecto que torna essa situação ainda mais absurda. A configuração equivocada do sistema tributário nacional gera um custo ao contribuinte que é, pelo menos, equivalente ao total de tributos que o mesmo tem de pagar. É conhecida a necessidade que as empresas que operam no Brasil têm de montar departamentos inteiros exclusivamente para lidar com a confusa malha tributária. Em alguns casos podem chegar a dezenas ou até centenas de funcionários dedicados exclusivamente a decifrar e atender as demandas do setor tributário.

Essa estrutura administrativa das empresas não lhes sai de graça. É preciso pagar o salário de todos esses funcionários, mobilizar recursos materiais como mesas, computadores e outros insumos e isso não é de graça. Por gerar um custo à empresa, ela só tem uma saída: repassar esse custo aos serviço e produtos que ela oferece aos seus clientes. Esse valor que é cobrado do cidadão (o verdadeiro contribuinte) não fica nas contas da empresa para que ela reinvista em suas operações. Tampouco esse valor é repassado aos cofres do governo na forma de tributos porque não é um tributo real. Assim, além de pagar a carga tributária mencionada acima, o contribuinte ainda paga esse preço pela incompetência dos administradores públicos em prover um sistema de arrecadação eficiente e que custe pouco para o contribuinte. É parte do já conhecido "custo Brasil" muito conhecido das empresas que operam em nosso país e que pode ser bem explicada como uma forma "eficiente" de queimar inutilmente as riquezas do país.

Nosso sistema tributário é burro e injusto porque pune severamente o contribuinte que deseja pagar corretamente os seus impostos e premia o mau contribuinte que deseja unicamente sonegar seus impostos. Vai na contramão das regras mais elementares da boa gestão de recursos e da prestação de serviços aos usuários. É difícil explicar a origem e a permanência de um sistema tão ineficaz. Mesmo que considerássemos a possível má-fé de alguns agentes formulada na velha prática de corrupção que consiste no ato de "criar dificuldades" para "vender facilidades" não conseguiríamos explicar porque manter um sistema que exala ranço de práticas burocráticas típicas do século XIX em pleno século XXI. Até para alimentar a corrupção já existem métodos mais modernos do que os de dois séculos atrás.

O nosso sistema tributário gera antipatia nos contribuintes não apenas porque cobra muito imposto, mas porque é hostil aos cidadãos. Age como se vivesse em eterna guerra com os cidadãos. Ninguém gosta de pagar impostos. É verdade. Mas as pessoas sempre se dispõem a pagar por produtos ou serviços para os quais veem valor. E é perfeitamente possível que as pessoas vejam o valor que os impostos têm se puderem entender sua utilidade. O que desanima não é o ato de pagar os impostos e sim a impossibilidade de se ver o retorno à sociedade que eles deveriam proporcionar. Não é preciso que as autoridades tributárias tratem os cidadãos como inimigos a serem combatidos. O que precisa ser feito é investir em transparência na coleta dos impostos e facilidades para que os contribuintes possam acompanhar sua destinação.

E o objetivo da presente proposta de emenda à Constituição consiste na modernização da administração do sistema tributário nacional. Em primeiro momento não se tratará de diminuir o tamanho da carga tributária real e visível (os 33,5% do PIB) e sim de eliminar a carga tributária "invisível", o famoso "custo Brasil". Nesse primeiro momento busca-se dar alguma racionalidade ao sistema de arrecadação para que ele fique mais transparente e eficiente de modo que o contribuinte possa ver como a sua contribuição está sendo coletada e qual destino ela terá. Como resultado desse ajuste, é quase inevitável que se elimine também o custo que as empresas que operam em nosso país precisam ter para lidar com o sistema tributário. Eliminando esse custo oculto nos preços dos produtos e serviços de nosso país já teríamos um visível alívio no peso que os impostos causam nos ombros dos cidadãos.

As mudanças aqui propostas visam mudar a forma como os tributos são calculados e arrecadados. A primeira proposta versa sobre uma possibilidade que já existe atualmente na CF. em seu artigo 146, parágrafo único prevê um regime único de arrecadação de impostos. Esse regime seria opcional para o contribuinte. Na presente proposta, semelhante estrutura de arrecadação passa a ser obrigatória para o Estado. Ao adotar uma estrutura vertical e unificada de arrecadação garantimos uma economia na implantação da referida estrutura pois elimina-se a existência de departamentos redundantes e conflitantes na maioria dos casos o que aumenta a sensação de confusão tributária.

Unificando o sistema de arrecadação e padronizando as ações e nomenclatura adotada pelas autoridades tributárias ganha-se muito em transparência. Ganha-se também em eficiência pois diminui-se a necessidade dos contribuintes, em especial as empresas, de ter que lidar com várias instâncias e departamentos e ainda ter que entender os diferentes modos de se referir, às vezes a um mesmo tributo. Seria menos necessário às empresas mobilizar funcionários e recursos para atender as demandas do sistema tributário. Alcançaríamos assim a eliminação daquele tributo oculto nos preços dos produtos e serviços. Seria bastante provável que assim conseguíssemos uma redução não só nos preços médios dos produtos mas também na sensação viva na mente dos cidadãos de que pagamos impostos demais.

Ao adotar um sistema simplificado e racional de arrecadação de tributos pararemos de queimar as riquezas do país semelhante sistema unificado ajuda a dar transparência à arrecadação dos impostos o que ajuda a combater a corrupção que talvez exista na sua estrutura. Fica mais difícil esconder possíveis malfeitos quando as pessoas são capazes de compreender o caminho que o dinheiro faz. Sem contar que com um sistema vertical e único de arrecadação ficará mais fácil implementar uma forma de fiscalização muito eficiente e que consiste numa estrutura de "fiscalização cruzada". Nessa forma de fiscalização não uma única instância ou funcionário responsável por fiscalizar a ação de todos os outros. Na verdade, cada pessoa envolvida fiscaliza todas as outras. Não há uma fiscalização em uma direção apenas. Havendo mais de uma instância, tanto os servidores da instância superior fiscalizam as ações dos servidores da instância inferior quanto os servidores da instância inferior fiscalizam as ações da superior. Assim, fica mais difícil apagar os rastros de eventuais desvios. E muito mais difícil montar esquemas de corrupção como o seria em um sistema onde a fiscalização é unidirecional. Onde apenas a instância superior fiscaliza a inferior. Nesse tipo de sistema, basta a um corruptor subornar os poucos responsáveis pela fiscalização. Já em um sistema onde todos são fiscalizados por todos, fica quase impossível burlar o sistema. Colocando todos os envolvidos no processo como responsáveis pela fiscalização desse mesmo processo torna-se menos provável que essas pessoas queiram comprometer-se ignorando ou sendo condescendentes com sinais de desvios de conduta. Os eventuais indícios de corrupção deixam de ser um "problema dos outros" e passa a ser um problema de quem está trabalhando na instituição pois todos são responsáveis por essa instituição.

Ao instituir a obrigação de cada esfera da administração de criar uma conta única para movimentação dos recursos arrecadados não só economizaremos tempo e dinheiro, mas também aumentaremos a transparência de todo o processo. A ideia é que o recurso arrecadado seja depositado diretamente na conta de arrecadação da esfera que efetuou a arrecadação e daí seja transferido para cada uma das outras esferas o percentual que lhe cabe. Na medida do possível espera-se que os recursos arrecadados relativo a tributos, mesmo no caso de tributos incidentes nas relações de consumo sejam depositados diretamente nessa conta sem precisar passar pelas contas da empresa que vendeu o produto ou prestou o serviço.

Com a instituição desse mecanismo ficará fácil para a sociedade acompanhar a destinação do dinheiro que ela paga ao governo. Não só fica mais transparente, mas também ajuda a fazer com que o cidadão entenda e comece a acreditar que pagar os impostos vale a pena e, portanto, tenderemos a ter menos resistência. A grande pergunta que muitos cidadãos se fazem não é "por que eu pago tanto imposto?" e sim "para que eu pago tanto imposto?". Existem países que submetem seus cidadãos a uma carga tributária bem superior à brasileira. Contudo, se levarmos em conta que entre esses países temos a Inglaterra, a Dinamarca e Suécia notamos que há uma diferença fundamental entre nós e eles. Os países mencionados entregam a seus cidadãos serviços públicos de qualidade o Brasil não. Nossas estradas – quando pavimentadas – tem tantos buracos que parecem ter sido arrasadas por um bombardeio aéreo, a saúde pública é doente quase terminal em boa parte das regiões do país, a nossa educação está entre as mais ineficientes do mundo.

No entanto, não seria razoável imaginar que simplesmente igualando a carga tributária desses países nós seríamos capazes de oferecer aos nossos cidadãos um estado de bem-estar social semelhante ao deles. Na outra ponta temos países como Canadá e Estados Unidos que cobram bem menos impostos que nosso país e mesmo assim conseguem oferecer qualidade de vida para os seus cidadãos que não ficam devendo em nada ao daqueles países mencionados acima. Os EUA cobram em média cerca de 10 pontos percentuais a menos que o Brasil. Penso que a chave para resolver esse enigma reside em uma única frase: Eficiência na administração.

De nada adiantaria aumentar a carga tributária no nosso país se antes não fosse feito uma radical reforma na forma como arrecadamos os impostos de modo a tornar esse sistema eficiente e transparente. Também é provável que não seja possível dar eficiência à administração diminuindo a carga tributária sem que haja antes uma radical reforma no sistema de arrecadação. De uma forma ou de outra é indispensável que se faça uma reforma.

No modelo atual de arrecadação adotado em nosso país o processo de cobrança dos impostos pode ser representado como um funil onde é jogado o produto da arrecadação em uma larga boca que fica em cima do referido funil. Na base ficam os municípios recebendo por uma estreita abertura respingos dos recursos depositados no topo. Por mais dinheiro que se coloque na boca do funil, pelo fato de a abertura na base ser estreita, sempre cairá pouco dinheiro para os municípios. Com a sistemática de arrecadação aqui proposta inverteremos a posição do funil fazendo que os recursos arrecadados no município fiquem no município. E os recursos necessários às administrações estaduais e federal "subam" do município para o estado e do estado para a União. E cada ente federativo assumirá a sua respectiva responsabilidade na arrecadação e administração dos recursos arrecadados.

Já a mudança proposta na forma como os tributos serão calculados e repassados dos contribuintes para as contas do estado visa tornar mais célere e econômica a emissão das notas fiscais e retirar das empresas que operam no nosso país a responsabilidade de fazer um trabalho que na verdade compete aos agentes públicos realizar. Como dito anteriormente, muitas empresas gastam milhões de reais por mês para manter um departamento inteiro somente para lidar com suas obrigações tributárias. Cabe à empresa calcular, recolher e repassar ao Estado os tributos que são cobrados do consumidor. Contudo, interessa mais ao Estado realizar essa cobrança do que às empresas. E não é difícil nos recordar de eventos no passado relacionados a empresas que recolhem o imposto do cidadão e se "esquece" de repassá-lo ao Estado. E, na verdade, mesmo quando não é o caso de sonegação, tem se tornado cada vez mais comum em nosso país programas de "refinanciamento" de obrigações tributárias que as empresas não conseguem ou simplesmente deixam de cumprir.

É uma lógica que não faz o menor sentido. Obrigar todas as empresas que operam em nosso país a ter um custo extra montando departamentos tributários apenas para atender as demandas das autoridades tributárias. Cada empresa precisa ter o seu departamento gerando custos que são repassados aos preços de seus produtos/serviços quando seria muito mais econômico ter apenas um departamento público que realize os cálculos e os disponibilize para as empresas. Cada empresa adaptará o respectivo cálculo ao preço dos seus produtos.

A prática de obrigar as empresas a calcular os impostos que elas devem recolher parece ser uma excrescência que sobreviveu à marcha do tempo e a evolução da tecnologia desde pelo menos dois séculos atrás. Naquela época o auge da tecnologia era a caneta bico-de-pena. Nem máquina de escrever existia ainda. O telefone acabava de ser inventado assim como o telégrafo. Era inimaginável que uma informação pudesse ser transmitida instantaneamente como ocorre hoje em dia. É verdade que nossos serviços de conexão de dados via internet ainda deixam muito a desejar. Contudo, longe de ser um problema, pode-se ver aí uma oportunidade de nosso país começar a investir mais em expansão de banda larga de altíssima velocidade. Pois, interessará mais ao Estado prover em todas as regiões do país uma conexão de dados de qualidade para que o recolhimento de impostos seja eficiente. Pois os dados de arrecadação transitarão pela rede. O órgão responsável pela arrecadação realizará os cálculos e disponibilizará esses cálculos para a empresa que estiver emitindo a nota. Ganha-se em eficiência e transparência. A empresa não terá que mobilizar recursos para realizar semelhante cálculo. O Estado saberá com rapidez e precisão quanto cada empresa deve recolher de impostos. Se possível a empresa nem terá que se preocupar em transferir os recursos às contas do governo porque isso poderá ser feito automaticamente.

O Brasil tem hoje cerca de 12.000.000 (doze milhões) de desempregados o que representa cerca de 11,7 % da população economicamente ativa. É fato que esse número é fruto das dificuldades econômicas pelas quais o país passou nos últimos anos. Mas também é fato que esse número deve ser olhado por um outro ângulo. Nosso país é vítima há séculos de uma cultura burocrática que nada mais faz do que queimar as riquezas do país em rituais oficiais que pouco ou nada acrescenta à administração pública ou à economia do país. Um exemplo disso são as mais variadas exigências que se faz ao empregador e ao empregado na hora de se firmar um contrato de trabalho. Longe de resolver o problema de ambos, no caso do empregador, o de contratar e gerir uma força de trabalho que agregue valor ao seu empreendimento, do lado do empregado conseguir um trabalho digno que satisfaça não apenas a sua necessidade financeira, mas também que o ajude a realizar as suas aspirações profissionais.

As discussões sobre uma (necessária) reforma na legislação que rege as relações de trabalho já duram algumas décadas. O que não deixa de ilustrar bem um pouco do caráter nacional. Essa é uma discussão urgente e por isso mesmo já demora algumas décadas. Imagine as discussões não tão urgentes assim quanto tempo durariam? Séculos? Milênio? Mas a presente proposta não versa, a princípio, sobre as leis trabalhistas. O que se propõe aqui é uma forma de se dispensar a arrecadação de tributos sobre a folha de pagamento como uma forma de estimular a contratação formal dos trabalhadores, em especial, o contingente de 12 milhões que hoje não conseguem se recolocar no mercado de trabalho. Ao substituir os tributos e contribuições incidentes sobre a folha de pagamento por um imposto único que incida sobre as movimentações financeiras procura-se facilitar a contratação e o gerenciamento da força de trabalho por parte do empregador o que beneficia tanto o empregador quanto o empregado. Afinal, quanto mais postos de trabalhos formais forem criados, menos pessoas desempregadas teremos. Facilitando ainda o gerenciamento da força de trabalho elimina-se o pretexto para outro vício nacional que é a "informalidade".

Não deixa de ser curioso que nossas leis busquem "proteger" tanto o trabalhador que fica inviável contratá-lo "na forma da lei". Resta, tanto a empregadores quanto a empregados, estabelecer uma relação de trabalho à margem da lei ou "informal". De que adianta tanta proteção ao trabalhador tantos direitos e benefícios se ele não pode exercê-los, simplesmente, porque não encontra trabalho? Não é que não devam existir leis que garantam os direitos trabalhistas. O que não é mais necessário no mundo de hoje (como o era no mundo de 70 anos atrás) é que a nossa legislação trabalhista tenha esse caráter "paternalista" que ela tem. Tratando o trabalhador como alguém incapaz de decidir por si mesmo ou de negociar em torno de seus interesses com o seu patrão.

Ao substituir os impostos e contribuições incidentes sobre a folha de pagamento busca-se num primeiro momento combater os altos índices de desemprego. Diminuindo o custo que o contrato de trabalho (formal) tem. Mas espera-se também diminuir os entraves burocráticos que cercam a contratação em nosso país. Por outro lado, não se pode ignorar o fato de que ao abolir alguns impostos, mesmo os incidentes na folha de pagamento, isto implicará em queda de receitas para o Estado. Ao instituir a cobrança de impostos sobre movimentações financeiras equilibra-se essa situação compensando os cofres públicos da perda de receita que se originava na cobrança de impostos sobre as contratações de trabalhadores.

Nessa mesma proposta encontra-se descrita uma outra inovação que reside em fazer com que os benefícios devidos ao trabalhador como 13º salário e fundo de garantia sejam depositados em uma conta individual em nome do próprio trabalhador. Essa conta funcionaria como uma conta de investimentos e o trabalhador poderia gerenciar diretamente este recurso decidindo onde e em que ele desejaria investi-lo ou poderia delegar essa tarefa a pessoas ou instituições especializadas nisso. O próprio trabalhador ficaria responsável por gerir um patrimônio que é seu. Haveria limitações no que toca a possibilidade de se efetuar saques de tal conta. Ao colocar nas mãos do trabalhador a responsabilidade de gerenciar o seu próprio patrimônio, damos também a ele a liberdade de decidir por si mesmo a respeito do seu futuro.

A permissão concedida pela presente proposta de emenda a estados e municípios para que estes criem impostos temporários visa resolver um dilema nacional que se arrasta há pelo menos dois séculos. Nosso país, embora esteja entre as maiores economias do mundo, padece de males que já foram superados por essas mesmas grandes economias ainda no século XIX ou, no mais tardar, no começo do século XX. Hoje em nosso país, cerca de 50% da população não conta com saneamento básico. Em muitos locais mesmo a distribuição de água potável é bastante precária. Boa parte de nossas estradas parecem arrasadas por bombardeios aéreos. Embora nosso país não entre oficialmente em guerra há muitas décadas, convivemos com problemas de infraestrutura como se fossemos atacados diariamente. Para ficar em uma comparação que pode nos constranger bastante, a Alemanha foi arrasada em duas grandes guerras no século passado e hoje suas estradas causam-nos bastante inveja.

Muito dessa nossa situação reside no desperdício de recursos arrecadas pelo Estado e que, quando não são desviados para bolsos privados, são queimados em práticas administrativas anacrônicas. E sempre que se necessita resolver questões como abastecimento, saneamento e pavimentação esbarramos na mesma surreal desculpa: Não há recursos financeiros para realizar a obra. E quando há, esse dinheiro é desperdiçado realizando obras de baixa qualidade que não resolvem o problema e algumas vezes até o torna maior. Semelhantes obras públicas parecem ser concebidas para não durar muito.

O que se propõe aqui é que os municípios recebam um instrumento legal que lhes permita realizar as obras de infraestrutura que resgatem seus cidadãos do século dezenove e os traga para viver no século vinte e um. Com a criação de impostos temporários espera-se que acabe de uma vez o pretexto de que falta verba para realizar a instalação de rede esgoto ou pavimentação de ruas e estradas.

É de se notar que o que é proposto aqui até pode ser um atalho, mas isto não significa que é um caminho fácil para os gestores públicos. Para que o imposto seja criado é necessário que se cumpram alguns requisitos. Em primeiro lugar é necessário que se faça um planejamento preciso da obra ou obras a serem realizadas. Depois é preciso submeter semelhante proposta, acompanhada dos projetos, à referendo diante da população diretamente interessada. Também não será permitida a criação de tributo que vise outra destinação que não seja a realização de obras de infraestrutura permanente. Não seria cabível também criar impostos temporários para pagar a folha de pagamento ou realizar reparos ou outras obras de menor porte. O que se busca é resgatar uma dívida de séculos que o Estado tem para com os cidadãos. Essa dívida precisa ser resgatada o quanto antes.

A permissão concedida a estados e municípios para que celebrem acordos e convênios ou constituam consórcios visa dar maior dinamismo e eficiência à administração pública, o que se traduz também em economia de recursos públicos. Ao sugerir a concessão de maior autonomia administrativa e tributária aos entes federativos (estados e municípios) não há a intenção de tratar esses entes como se fossem "universos se-parados" cada um responsável por resolver sozinhos os seus problemas. Quando a eficiência e a economia de recursos for possível através da reunião de municípios, por exemplo, em consórcios, essa prática deve ser estimulada.

Ao reunirem-se, os entes federados poderão planejar e executar obras de interesse de ambos e beneficiar a sua população a um custo muito mais baixo do que se fizessem essas obras sozinhos. Também podem fazer contratos de com-pras de fornecedores a um custo mais baixo porque o volume de itens comprados será muito maior. E também tem outro as-pecto que deve ser levado em consideração. Com mais pessoas de diferentes departamentos e de diferentes entes federativos reunidas fica mais fácil implementar um sistema de fiscalização cruzada e mais eficiente do que a fiscalização unidirecional. To-dos passam a vigiar todos o que só beneficia a transparência.

As mudanças propostas para a cobrança do imposto sobre a renda visam muito mais "educar" e incentivar os cidadãos a serem mais proativos e a dependerem menos das instituições governamentais do que incrementar a arrecadação pública. A lógica é a seguinte: ao instituir alíquotas de impostos para faixas de renda a partir do equivalente a 2 salários mínimos institui-se também a possibilidade de isenção para quem inves-tir o seu próprio dinheiro na promoção de saúde preventiva e educação voltada para qualificação e requalificação profissional além de outros incentivos. Com isso espera-se que as pessoas procurem preservar a sua saúde o máximo de tempo possível evitando-se sobrecarregar o sistema oficial de saúde com de-mandas de pequena monta como meros resfriados ou alergias ou ainda deixar que um problema pequeno e que pode ser re-solvido de forma simples quando detectado no começo, inclu-sive alguns casos de câncer por exemplo, se torne um problema de grandes proporções, muito complexo e caro para os cofres públicos. Ao incentivar o cidadão a adquirir ou aperfeiçoar suas habilidades profissionais fazemos com que esse cidadão consiga alcançar posições profissionais melhores e que esteja ocupando algum posto de trabalho a maior parte do seu tempo e gerando assim sua própria renda.

Com a instituição de mais uma faixa de alíquota de imposto (37,5) torna-se a arrecadação de imposto mais justa. Em compensação a essa implementação, além das possibilidades de desconto e isenção mencionadas acima, ainda teríamos outras possibilidades de isenção e restituição como os gastos com remédios de uso contínuo ou gastos com serviços que são obrigações constitucionais do estado como gastos com segurança, tanto segurança pessoal quanto gasto com segurança patrimonial. E também a instituição de uma nova alíquota será compensada pela redução na cobrança de impostos sobre o consumo.

São estas, nobres parlamentares, as razões apresentadas para a implementação das mudanças propostas nesta PEC.

ANEXO II – DISPOSITIVOS INFRACONSTITUCIONAIS QUE SERÃO OBJETO DE CONSULTA POPULAR

PROJETO DE LEI DE INICIATIVA POPULAR Nº (...)

EMENTA: Dá nova redação ao inciso V da do Art. 11 do Decreto-lei nº 3689/41.

Decreto-lei nº 3689/41

EMENTA: Dá nova redação ao art. 125 inserindo o inciso I e suas alíneas "a", "b", "c" e "d"; e inclui o inciso II. Dá nova redação ao art. 197 inserindo os incisos I e II. Inclui o art. 200A e seus incisos I e II. Dá nova redação ao art. 302 inserindo os incisos V e VI.

Art. 1º o artigo 125 passa a vigorar com a seguinte redação:

CAPÍTULO VI

DAS MEDIDAS ASSECURATÓRIAS

Art. 125. Caberá o sequestro dos bens imóveis, adquiridos pelo indiciado com os proventos da infração, ainda que já tenham sido transferidos a terceiro.

I quando se tratar de crimes financeiros e crimes conexos a estes, em especial os crimes de lavagem de dinheiro e formação de quadrilha, desde a aceitação da denúncia, o juiz decretará o bloqueio dos bens do acusado e nomeará um curador.

f) *O bloqueio dos bens poderá ser feito durante a fase de inquérito a requerimento do Ministério Público, ou de ofício pelo juiz do caso.*

g) *Nomeado o curador, este formará uma equipe que lhe auxilie na administração e análise dos bens e direitos sob sua curatela.*

h) *Uma vez comprovada, pela equipe de curatela, a origem lícita dos recursos financeiros, bens e propriedades do acusado estes serão desbloqueados por decisão do juiz.*

i) *O acusado poderá auxiliar, se for de sua livre vontade, a identificar a origem lícita de seus bens e direitos apresentando documentos que comprovem tal origem.*

j) *Os bens e direitos, sobre os quais continuar a pesar dúvidas, permanecerão bloqueados até que se comprove sua origem lícita.*

II aplica-se todo o disposto no inciso anterior aos crimes contra a Administração Pública, em especial os crimes de corrupção passiva, peculato, apropriação indébita e improbidade administrativa.

Art. 2º o artigo 197 passa a vigorar com a seguinte redação:

~~DA CONFISSÃO~~

DO RECONHECIMENTO DE CULPA E DO ACORDO JUDICIAL

Art. 197. **O valor da confissão,** *como reconhecimento de culpa,* **se aferirá pelos critérios adotados para os outros elementos de prova, e para a sua apreciação o juiz deverá confrontá-la com as demais provas do processo, verificando se entre ela e estas existe compatibilidade ou concordância.**

I - O reconhecimento de culpa implica a necessidade de reparação, quando possível, do dano causado.

II - Quando o réu estiver de acordo com o dever de reparar o dano causado, o reconhecimento de culpa contará como atenuante na hora da aplicação da Pena.

(...)

Art. 3º fica incluído o artigo 200A com a seguinte redação:

Art. 200A - Ambas as partes podem oferecer a contraparte, perante o juízo, proposta de acordo mediante o reconhecimento de culpa.

I aceito o acordo, o juiz homologará o mesmo levando em conta os termos do acordo quando prolatar a sentença.

II cumpridos totalmente os termos do acordo o processo será extinto.

Art. 4º o artigo 302 passa a vigorar com a seguinte redação:

DA PRISÃO EM FLAGRANTE

(...)

Art. 302. Considera-se em flagrante delito quem:

(...)

V encontra-se na posse de bens e recursos financeiros de origem ilícita.

VI movimenta ou movimentou recursos financeiros de origem ilícita por meio de conta bancária no Brasil ou no exterior.

JUSTIFICATIVA

O presente de Lei de Iniciativa Popular tem como objetivo eficiência ao andamento de processos penais conferindo-lhe a necessária celeridade sem, para isso, atentar contra os direitos do acusado. Pelo contrário, ao alterar o disposto no Art. 197 do Código de Processo Penal, alterando conceito de confissão, para o de reconhecimento de culpa, garantimos ao réu um direito extra, caso ele decida, de livre vontade, confessar sua culpa. Pois, tal como se encontra hoje, o referido artigo apenas esclarece o que é a confissão e institui comandos ao juiz a respeito da referida confissão. Mas com a mudança aqui proposta, o réu terá um benefício caso queira confessar, pois, o julgador do caso terá que levar em consideração esse reconhecimento de culpa na hora de prolatar a sentença.

Também, é preciso notar, que a inclusão do art. 200A trará benefícios ao réu ao contemplá-lo com a possibilidade de propor à contraparte um acordo que, o reconhecimento de sua culpa, possa negociar uma redução de sua pena. Tal acordo pode trazer benefício também ao andamento do processo, pois, com as partes entrando em acordo, o processo tende a se resolver na instância em que estiver. Isso poderá ter um impacto muito positivo sobre o volume de processos em andamento nas instâncias da Justiça. Caso a maioria de dos processos sendo resolvidos na primeira instância, mediante acordo, haverá menos recursos a serem julgados nas instâncias superiores também, garantindo assim, mais celeridade à Justiça Brasileira.

Já a mudança proposta para o artigo 125 procura dar eficiência ao combate à corrupção e ao crime organizado. Além disso, essa mudança visa evitar que o réu, em processos dessa natureza, utilize o produto do seu crime para financiar a sua defesa contratando advogados ou escritórios de advocacia muito caros e inacessíveis à maioria da população. A constituição brasileira garante a todos os cidadãos o direito ao acesso a um advogado para promover a sua defesa, mesmo para quem não dispõe de recursos financeiro, para isso, inclusive, existe a defensoria pública. Porém, não é justo que alguém, sobre quem repousa graves suspeitas de ter praticado crimes financeiros, utilize os recursos oriundos do seu crime para pagar os honorários de um advogado que, se não fosse pelo crime praticado, a pessoa não teria acesso.

A inclusão dos incisos V e VI ao artigo 302 tem por objetivo ampliar o conceito de prisão em flagrante garantindo assim, que esse instrumento jurídico possa ser utilizado contra pessoas que pratiquem crimes como corrupção e lavagem de dinheiro. Tais pessoas podem encontrar, e geralmente encontram, brechas para escapar da justiça.

São estas, nobres parlamentares, as razões apresentadas para a implementação das mudanças propostas nesta PEC.

EMENTA: Dá nova redação ao Art. 11 da Lei nº 9504/97 inserindo o inciso VII. Dá nova redação ao Art. 41-A, inserindo ao Caput do artigo, o inciso VII, insere o § 1º com seu inciso I e alíneas "a" e "b", insere o inciso II. Dá nova redação ao § 1º do Art. 41-A da Lei nº 9504/97.

Art. 1º o artigo 11 passa a vigorar com a seguinte redação:

Art. 11. Os partidos e coligações solicitarão à Justiça Eleitoral o registro de seus candidatos até as dezenove horas do dia 15 de agosto do ano em que se realizarem as eleições.

(...)

VII – para fins de cumprimento do art. 14, § 3º, inc. II da CF, certidões, fornecidas pelos órgãos de distribuição da Justiça Eleitoral, Federal e Estadual, de que o candidato não responde, no momento do registro, a processos criminais;

(...)

Art. 2º o artigo 41-A passa a vigorar com a seguinte redação:

Art. 41-A. Ressalvado o disposto no art. 26 e seus incisos, constitui captação de sufrágio, vedada por esta Lei, o candidato doar, oferecer, prometer, ou entregar, ao eleitor, com o fim de obter-lhe o voto, bem ou vantagem pessoal de qualquer natureza, inclusive emprego ou função pública, desde o registro da candidatura até o dia da eleição, inclusive, sob pena de:

(...)

III - pena de prisão

IV - Suspensão dos direitos políticos.

§ 1 - incorre nas mesmas penas previstas nos incisos I, III e IV o eleitor que tiver vendido seu voto e, também a pessoa que, agindo em nome do candidato, ofereça vantagens de qualquer natureza, na forma descrita no caput deste artigo, em troca do seu voto.

I – a pena prevista no inciso III será:

    a) de 6 meses a 2 anos para o candidato ou para a pessoa que, agindo em seu nome, capte ilicitamente votos.

    a) de 30 a 180 dias para o eleitor

II – a pena prevista no inciso iv será, para o eleitor, de 2 anos.

III – em caso de reincidência, as penas previstas neste artigo serão acrescidas em dois terços.

Art. 3º o § 1º do art. 41-A passa a vigorar com a seguinte redação:

§ 1º Para a caracterização da conduta ilícita, é desnecessário o pedido explícito de votos *ou de vantagens em troca do próprio voto,* **bastando a evidência do dolo, consistente no especial fim de agir**

(...)

JUSTIFICATIVA

O presente projeto de lei de iniciativa popular tem como objetivo tem como objetivo garantir a lisura do processo eleitoral brasileiro, bem como estabelecer um parâmetro de qualidade para o exercício de mandatos eletivos que esteja em consonância do princípio constitucional da Moralidade. A proposta apresentada também tem como objetivo ajustar a presente Lei 9504/97 a uma eventual mudança no artigo 14 da Constituição Federal conforme proposto em outro projeto.

Ao exigir que os pretensos candidatos apresentem certidões de que não respondem a processos criminais pretende-se evitar que pessoas mal-intencionadas vejam no exercício de mandato eletivo a possibilidade de impunidade e a perspectiva de lucros desonestos através do desvio de recursos públicos que, embora nosso país tenha uma das mais altas cargas tributárias do planeta, são tão escassos nunca bastando para atender as necessidades de nosso povo. Com esta mudança, espera-se fechar as portas para as pessoas que veem no mandato eletivo, não uma missão em favor da coisa pública ("respublica" = república) e sim uma forma de garantir seus interesses pessoais ou de seu grupo, e dessa forma abrir espaço para pessoas que vejam o mandato eletivo como um dever sagrado em favor do interesse de todos os cidadãos. Aqueles que garantem a sobrevivência do próprio Estado através do pagamento de impostos e através de sua legitimação por meio dos votos.

Com a alteração proposta para o artigo 41-A busca-se acabar de vez com uma prática que é antiga e de amplo conhecimento em nosso país e que, infelizmente, até agora, parece difícil de acabar. Essa prática tem o nome de compra de votos e contamina o próprio processo eleitoral tirando uma parte de sua legitimidade. Caso compre o seu mandato por meio de promessas ou entrega de vantagens pessoais ao eleitor, que legitimidade pode ter o agente político para representar a população na Administração pública? E o eleitor? Caso venda seu voto, que legitimidade pode ter para cobrar das autoridades eleitas as medidas que o beneficiem e a sua comunidade? É certo que melhor seria se os eleitores se conscientizassem e rechaçassem

326

qualquer tentativa de cooptação. Mas esta é uma perspectiva que, provavelmente só se materializará quando nossa nação tiver evoluído um pouco mais do ponto de vista social e educacional. Contudo, é ingênuo acreditar que somente pessoas analfabetas ou semianalfabetas são ludibriadas para vender o seu voto. É sabido que, mesmo pessoas bem escolarizadas, às vezes, até com formação superior, acabam declarando vender o seu voto, movidas, em geral, pela desilusão com a classe política. Essas pessoas parecem acreditar que a venda do seu voto é a única forma de obter algum tipo de vantagem dos políticos. Ao prever pena de prisão tanto para que compra, como para quem vende o seu voto, espera-se coibir essa prática nos dois lados do balcão, pelo menos, até que aquela evolução social possa tornar anacrônica essa parte da legislação eleitoral. Na verdade, essa mesma mudança pode ser uma ferramenta para acelerar essa necessária evolução, afinal, o juiz eleitoral, ao lidar com um caso concreto de venda de votos, poderá verificar as condições do réu e, se concluir que o mesmo aceitou vender o seu voto por ignorância, falta de estudos ou desilusão, pode incluir como parte da pena ou como pena substituta, o que for mais adequado ao réu. Se for falta de escolaridade, a obrigação de retornar e concluir os estudos básico e de nível médio. Se for mera desilusão com a classe política, mais participação em fóruns e palestras sobre política e eleições.

São estas, nobres parlamentares, as razões apresentadas para a implementação das mudanças propostas neste projeto de lei.

EMENTA: Dá nova redação ao Art. 33 do DECRETO-LEI No 2.848, DE 7 DE DEZEMBRO DE 1940 alterando e renumerando suas alíneas

Dá nova redação ao art. 91 incluindo o inciso III e suas alíneas "a", "b" e "c".

Dá nova redação aos parágrafos 1º, 2º e 3º do art. 180 bem como ao CAPUT do art. 180-A.

Art. 1º - O Art. 33 do DECRETO-LEI No 2.848 passa a vigorar
com a seguinte redação:

DAS PENAS PRIVATIVAS DE LIBERDADE

Art. 33 - A pena de reclusão deve ser cumprida em regime fechado, semiaberto ou aberto. A de detenção, em regime semiaberto, ou aberto, salvo necessidade de transferência a regime
fechado.

(...)

§ 2º - As penas privativas de liberdade deverão ser executadas
em forma progressiva, segundo o mérito do condenado, observados os seguintes critérios e ressalvadas as hipóteses de
transferência a regime mais rigoroso: (Redação dada pela Lei
nº 7.209, de 11.7.1984)

(...)

b) o condenado por crime de homicídio e outros crimes praticados com violência ou grave ameaça à integridade física e psicológica da vítima deverá começar a cumprir sua pena em regime fechado mesmo que a pena seja inferior a 04 (quatro)
anos;

c) o condenado por crime contra a Administração Pública, conforme tipificação contida no Título XI, caps. I e II, arts 312 a
336, do DECRETO-LEI No 2.848, DE 7 DE DEZEMBRO DE 1940,
deverá começar a cumprir sua pena em regime fechado
mesmo que a pena seja inferior a 04 (quatro) anos;

d) o condenado não reincidente, cuja pena seja superior a 4
(quatro) anos e não exceda a 8 (oito), poderá, desde o princípio, cumpri-la em regime semiaberto. Quando for reincidente,
caberá ao magistrado decidir se a aplicação da pena privativa

de liberdade em regime fechado será mais efetiva para a reprimenda ao réu ou se a mesma pode ser substituída por outras
sanções ainda que a pena aplicada seja inferior a 30 (trinta)
dias;

**e) o condenado não reincidente, cuja pena seja igual ou infe-
rior a 4 (quatro) anos, poderá, desde o início, cumpri-la em regime aberto.** Quando for reincidente, caberá ao magistrado decidir se a aplicação da pena privativa de liberdade em regime
fechado será mais efetiva para a reprimenda ao réu ou se a
mesma pode ser substituída por outras sanções ainda que a
pena aplicada seja inferior a 30 (trinta) dias.

(...)

Art. 2º - O Art. 91 do DECRETO-LEI No 2.848 passa a vigorar
com a seguinte redação:

DOS EFEITOS DA CONDENAÇÃO

Efeitos genéricos e específicos

Art. 91 - São efeitos da condenação: (Redação dada pela
Lei nº 7.209, de 11.7.1984)

(...)

III – a obrigação de restituir ao Poder Público todos os valores gastos com o processamento penal do condenado desde
a instauração do inquérito investigativo até a extinção de sua punibilidade.

d) A obrigação de restituir de que trata este inciso não depende de decisão judicial manifestada na sentença.
e) Decisão judicial não pode dispensar o condenado da
obrigação de restituir de que trata este inciso.

f)   Quando manifestada pelo condenado sua incapaci-
     dade financeira de devolver ao erário os valores gastos
     no seu processamento penal o mesmo deverá ser en-
     caminhado aos órgãos oficiais de assistência social
     para avaliação e eventual ajuda financeira.

(...)

Art. 3º - O Art. 33 do DECRETO-LEI No 2.848 passa a vigorar
com a seguinte redação:

DA RECEPTAÇÃO

Receptação

Art. 180 - Adquirir, receber, transportar, conduzir ou ocultar,
em proveito próprio ou alheio, coisa que sabe ser produto de
crime, ou influir para que terceiro, de boa-fé, a adquira, receba
ou oculte:

Pena - reclusão, de dois a seis anos, e multa.

Receptação qualificada

§ 1º - Adquirir, receber, transportar, conduzir, ocultar, ter
em depósito, desmontar, montar, remontar, vender, expor à
venda, ou de qualquer forma utilizar, em proveito próprio ou
alheio, no exercício de atividade comercial ou industrial, coisa
que deve saber ser produto de crime:

Pena - reclusão, de seis a doze anos, e multa.

§ 2º - Equipara-se à atividade comercial, para efeito do parágrafo anterior, qualquer forma de comércio irregular ou clandestino, inclusive o exercício em residência.

§ 3º - Adquirir ou receber coisa que, por sua natureza ou
pela desproporção entre o valor e o preço, ou pela condição de

quem a oferece, deve presumir-se obtida por meio criminoso:

Pena - detenção, de três meses a um ano e seis meses, ou multa, ou ambas as penas.

(...)

Receptação de animal

Art. 180-A. Adquirir, receber, transportar, conduzir, ocultar, ter em depósito ou vender, com a finalidade de produção ou de comercialização, semovente domesticável de produção, ainda que abatido ou dividido em partes, que deve saber ser produto de crime:

Pena - reclusão, de 3 (três) a 6 (seis) anos, e multa.

Art. 180-B Aos condenados pelo disposto nos art. 155 e 157 poderá ser concedido o benefício da redução de pena de um terço até metade se o réu colaborar efetivamente para a prisão e condenação do receptador indicando o nome e apresentando provas que levem à condenação quem houver comprado os objetos roubados ou furtados.

I – Poderá ainda a Autoridade Policial, com a devida autorização de um magistrado e acompanhamento do Ministério Público, realizar, mediante cooperação voluntária do réu referido no § 1º, realizar ações com o objetivo de prender em flagrante delito o receptador de objetos roubados ou furtados.

JUSTIFICATIVA

A sociedade brasileira vem, nos últimos tempos, sendo assombrada por níveis inaceitáveis de violência. Esse fato pode ser verificado pelos números de mortes violentas a cada ano. Somente no ano de 2017 foram registrados em nosso país 59.103 homicídios, latrocínios e lesões corporais seguidas de morte, segundo o MONITOR DA VIOLÊN-CIA, o que significa uma morte a cada 9 minutos, em média. São números assustadores que mesmo países em guerra declarada tem dificuldade para alcançar. Se esses números fossem uma excepcionalidade, um evento isolado, restrito ao ano de 2017 já seria, ainda assim, um assombro, mas basta ver os números de 2016 para constatar que esses números são a regra e não a exceção nas últimas décadas. Em 2016 foram registradas 57.549 vítimas de homicídios no país e, se olharmos os anos anteriores também, encontraremos números semelhantes de vítimas.

É mais do que uma mera sensação. De fato, os criminosos perderam o receio das penas previstas em nossa lei penal. Confiantes na impunidade ou na frouxidão de suas penas decidem arriscar-se em seus empreendimentos criminosos e deixam a sociedade refém de seus crimes. Torna-se evidente que algo de muito errado existe no modo como nossas instituições vem tratando a questão da violência em nosso país. É urgente que algo seja feito para interromper esse ciclo assustador de violência que assola os nossos cidadãos.

Naturalmente, são tantas e tão variadas as causas da violência em nosso país que seria impossível incluir nesta justificativa cada uma delas. Mas uma das principais causas de tanta violência, evidentemente reside na pouca efetividade da nossa lei penal que acaba levando potenciais criminosos a apostar em uma eventual impunidade ou, no máximo, em uma punição branda para crimes muito graves.

A presente proposta de alteração do código Penal Brasileiro tem o objetivo de resgatar papel que o mesmo tem de dissuadir potenciais criminosos de suas empreitadas criminosas apresentando-lhes como consequências de suas ações criminosas uma punição efetiva e certeira. E, para que a resposta da sociedade (por meio das instituições adequadas) à eventual conduta criminosa seja efetiva, é indispensável que ela seja rápida. Para que seja certeira é necessário que seja direcionada de maneira adequada ao que nos pareça ser a causa do crime.

Ao alterar o art. 33 do Código Penal introduzindo no seu § 2º a alínea "b" tornando obrigatório ao condenado por crimes de homicídio ou praticados com violência ou grave ameaça o cumprimento de sua pena em regime fechado desde o início, mesmo que a pena seja inferior a 04 ano, busca-se sinalizar ao potencial criminoso que a sociedade brasileira a partir deste momento adota grau zero de tolerância para os crimes praticados com violência. Busca-se mostrar ao candidato a criminoso que a consequência de suas ações será rápida e efetiva.

A inserção da alínea "c" no mesmo § 2º tem o objetivo de sinalizar para os corruptos e corruptores que tanto prejuízo tem causado à Administração Pública e à sociedade que esta representa que a tolerância dos nossos cidadãos para com essa modalidade de crime também terá grau zero. Entende-se que os crimes praticados contra a Administração Pública são equiparáveis à violência física praticada contra o cidadão, mas agravada pelo fato destes crimes serem praticados contra todos os cidadãos que compõem a sociedade e ao mesmo tempo. Não é mera figura de linguagem comparar a corrupção à violência. Tomemos como exemplo os desvios de recursos públicos destinados a saúde: quando um corrupto rouba o dinheiro que deveria servir para comprar remédios ou insumos para o tratamento de internados em um hospital, ele pode estar condenando alguns destes internados à morte ou a algum tipo de lesão irreversível porque quando alguém necessita de internação sub entende-se que seu estado de saúde inspira muitos cuidados ou é francamente grave o bastante para que o paciente

morra. Quando um corrupto desvia recursos públicos ele
está praticando uma violência real contra o conjunto da sociedade.

A alteração proposta para as alíneas seguintes, que
tratam da situação dos criminosos que voltam a cometer crimes: os "reincidentes", tem a intenção de incentivar a recuperação dos condenados deixando-lhes claro que reincidir
no crime, mesmo nos crimes não violentos, terá como resultado seu imediato recolhimento a uma prisão.

Com a mudança proposta para o artigo 91, ao adotar
o inciso III e suas alíneas "a", "b" e "c", a presente proposta
de tem a intenção de, em primeiro lugar, deixar claro aos
potenciais criminosos que a sociedade brasileira não tolerará mais os desvios de conduta e o descaso com o cumprimento da Lei, sobretudo, da Lei Penal, tanto no sentido de
adotar o conceito de "tolerância zero" para com a conduta
criminosa quanto no sentido de não "tolerar", "suportar",
ou seja, dar "suporte financeiro" ao combate ao crime. Se
alguém se desviar do caminho da Lei e essa pessoa for condenada pela Justiça caberá a ela devolver ao Poder Público
tudo o que este for obrigado a gastar para investiga-la, processá-la e condená-la. Em segundo lugar, essa mudança
pretende servir como um incentivo a mais para que o potencial criminoso refreie suas intenções de desafiar as leis do
país pela certeza de que será condenado e, sendo condenado, terá que pagar, literalmente, pelo seu erro. Nenhuma
forma de se fazer respeitar a Lei é mais efetiva do que a
perspectiva de "fazer doer no bolso" do indivíduo o fato de
este desrespeitar o que diz a lei.

É importante ressaltar que com essa mudança não se
pretende mudar a forma de o Poder Público financiar a Justiça. Continuará sendo de responsabilidade dos administradores públicos fazer os repasses orçamentários aos órgãos
que compõem o nosso sistema judiciário como já fazem

334

hoje. O que se pretende é fazer com que um dos efeitos da condenação seja, para o condenado, a obrigação de devolver ao erário cada centavo que esses mesmos órgãos públicos gastaram do dinheiro do contribuinte para processá-lo porque este resolveu desafiar as leis do país. O dinheiro devolvido por este meio será encaminhado diretamente ao Tesouro Nacional ou às contas governamentais destinadas a esse fim.

Os números estarrecedores de homicídios que ocorrem em nosso país revelam apenas a ponta de um enorme iceberg que é a violência a que nossos cidadãos estão sujeitos em seu dia a dia. É evidente que no total de quase 60.000 mortes violentas ocorridas em 2017 há muitos casos de "simples" homicídios. Contudo, essa está longe de ser a única forma de violência praticada em nosso país. Mesmo por trás destes números de mortes violentas, devem existir muitos casos latrocínio. Mas existe ainda outras modalidades de crimes como o roubo e o furto. Somente na cidade de São Paulo e somente em 2017 ocorreram nada menos que 530 furtos por dia. Em 2017 o município de São Paulo registrou 193.685 furtos. Levando-se em conta que estes números dizem respeito somente a 01 dos mais de 5500 municípios do nosso país e que se trata de somente uma modalidade de crime (furto) podemos dizer que estamos diante números igualmente alarmantes.

Contudo, analisando o que diz os artigos de nossa lei penal que tratam destes crimes (roubo, furto e homicídio), notamos que as penas ali cominadas já são adequadas. E mesmo assim os números destes crimes não diminuem. Obviamente, aumentar ainda mais as penas para esses crimes, provavelmente, terá pouco efeito prático. É necessário mirar na verdadeira causa de tais crimes. É por isso que a alteração proposta para o art. 180-A se mostra tão oportuna. Se as penas previstas para os crimes de roubo e furto com seus agravantes e atenuantes são adequadas as penas previstas para o crime de receptação de coisa roubada se mostra muito abaixo do que seria adequado.

Não é preciso ser especialista no estudo da violência para compreender o movimento em espiral que faz os crimes acontecerem. É evidente que o ladrão não pretende ficar com o objeto de seu roubo ou furto se este não for valor financeiro. Quando alguém rouba seja um automóvel, seja um celular, sua intenção é a de vende-lo e assim receber dinheiro. Fica claro que, se não há alguém disposto a comprar um objeto roubado, não haverá também alguém disposto a roubar esses objetos. Logo, a figura do "receptador" de objetos roubados é essencial nesta cadeia de violência. Aumentar as penas previstas para quem compra objetos roubados ou furtados pode ser um meio mais eficiente de interromper tal cadeia.

É evidente que a caracterização do crime de receptação é algo mais difícil do que a caracterização de roubo ou furto. Ao oferecer aos réus condenados por roubo ou furto a possibilidade de ver sua pena reduzida caso cooperem com a Justiça indicando quem recebeu os objetos roubados, tem-se o objetivo de facilitar as investigações e as condenações de tais pessoas.

São estas, nobres parlamentares, as justificativas para a apresentação da presente proposta de mudança do código penal.